Regarder ce qui est
... et sourire

5, passage de la Folie-Regnault – 75011 Paris
accarias@orange.fr

www.originel-accarias.com

ISBN 978-2-86316-217-0

Dépôt légal : 2e trimestre 2013.

GÉRARD

REGARDER CE QUI EST
... et sourire

Préface du Docteur Jean-Marc MANTEL

ÉDITIONS ACCARIAS
L'ORIGINEL

Remerciements

J'éprouve beaucoup de gratitude vis-à-vis de tous ceux qui ont croisé mon chemin.

Chacun à sa manière m'a renvoyé à ce qui est aujourd'hui une évidence : nous ne sommes pas « moi », un individu séparé en recherche mais Cela, la Vie même, le bonheur, l'unité, la joie, la paix, la tranquillité, la sérénité… sans cause.

Les deux mains jointes, je tiens à remercier particulièrement Jean-Marc Mantel, Nicole Montinéri, Marigal, Francis Lucille, Thierry Vissac, Karl Renz, Tony Parsons, Adyashanti, Jeff Foster, Unmani, Eckhart Tolle, Betty, Della, Bernard, Rupert Spira, Jac O'Keeffe, Ramesh Balsekar, Gangaji, Yolande, Sébastien Fargue, Pamela Wilson et, bien sûr, Ramana Maharshi, Nisargadatta Maharaj et Poonjaji que je n'ai pas eu le privilège de rencontrer mais dont les paroles m'ont porté pendant des années.

Une pensée toute particulière à Christine, c'est en sa présence à travers sa radicalité douce, ses questions pertinentes, son insistance à dénoncer les croyances erronées que la recherche a définitivement pris fin.

Leurs si belles différences montrent une fois de plus à quel point la Vie se manifeste de manières aussi variées que complémentaires.

Je tiens aussi à remercier chaleureusement mes amis et mes enfants qui m'ont accompagné tout au long de ces années et ont lu, annoté, participé à la correction de ce livre : Jérôme, Gautier, Bertrand, Christelle, Marie, Jacqueline, Barbara-Ann, Christine, et tous les autres.

Merci aussi à Jean-Louis Accarias, tout particulièrement pour son ouverture et sa patience.

J'adresse enfin une pensée particulière à mes parents sans qui je ne serai pas ce que je suis aujourd'hui.

SOMMAIRE

Préface

Lorsque la sagesse s'empare d'un être, elle utilise son corps et son mental pour s'incarner, et pour ramener à elle tous ceux et celles qui vont s'en imprégner.

La sagesse est universelle. Elle est un bien commun, dormant au fin fond de notre cœur et de notre esprit. Elle est la source de la joie et de la tranquillité. C'est vers elle que se dirigent tous les désirs, même s'ils sont apparemment dispersés dans le monde des phénomènes.

La formation médicale et psychothérapique de Gérard a ainsi été un terrain propice à la sagesse, pour qu'elle puisse prendre une forme accessible aux esprits contemporains, habitués de la démarche scientifique et de la précision des termes.

Par une constante remémoration de la réalité qui gît en arrière-plan des apparences, Gérard nous amène à prendre conscience des mirages multiples qui encombrent notre esprit, et du désir véritable qui habite notre cœur. C'est vers l'unité originelle de ce que nous sommes que guident ses paroles et ses propos, sous la forme d'exercices pratiques et faciles d'accès, qui ne demandent qu'un besoin intense de vérité pour remplir ce pour quoi ils sont faits.

La médecine est un art, et c'est à une forme de médecine de l'esprit que nous invite l'auteur, en le dépouillant de ce qui l'empèse, et en révélant ainsi la beauté qu'il cache, la beauté propre à chacun et à chacune d'entre nous.

Rendons ainsi hommage à la beauté suprême et à la manière dont elle est ici présentée, afin qu'elle puisse se réapproprier ce qui semble lui avoir échappé, et rétablir son règne d'harmonie et de justesse.

Docteur Jean-Marc Mantel
jmmantel.net

Préambule

Un jour, « ça » s'est mis à écrire. Naturellement. Pas de réflexion. Un mouvement. Vous vous levez, allez vous promener, contemplez la nature... Naturellement, sans y réfléchir.

Rien de définitif dans ces lignes. Pas une loi, un savoir, ni une science ; encore moins une vérité ! Une imperfection et une insuffisance évidente : ces pages ne sont qu'une expression particulière du flot de la vie qui se manifeste de cette façon à cet instant précis.

C'est pourquoi je vous demande de ne pas faire de cet échange autre chose que ce qu'il est : un partage à propos de ce qui ne peut pas être défini, expliqué ou décrit parfaitement.

Les mots sont comme des doigts orientés vers la lune. Ils ne permettent pas de l'atteindre. Seulement de la voir si l'on ne s'attache pas aux doigts mais tourne le regard vers ce qu'ils désignent : la lune en tant que reflet du soleil.

Ici, métaphoriquement, la lune reflète ce qui vit au cœur de nous-mêmes : le bonheur même, sans lequel aucune lumière ne pourrait éclairer nos vies.

Je vous souhaite d'éprouver au moins autant de joie à lire ce livre que j'en ai eu à l'écrire.

Introduction

Au fil de ces pages, nous allons aborder et approfondir ce qu'il convient d'appeler « la perspective non duelle[1] », en insistant sur la « magie » d'un regard accueillant.

On retrouve cette perspective dans toutes les religions, elle traverse les siècles au sein du soufisme, du bouddhisme zen comme du dzogchen ou du chan, de l'hindouisme (advaïta vedanta), et même chez certains mystiques chrétiens tel Maître Eckhart.

Ce n'est pourtant ni une religion, ni une croyance, ni même un courant spirituel ou une philosophie.

Seulement une perspective, un regard ouvert, orienté vers nos croyances, notre vision du monde, de la vie et de nous-mêmes.

Un regard aussi libre que possible de tout *a priori*, de toute connaissance, et même de toute opinion à propos de ce qui se passe.

Un regard conscient de ce qui arrive et du fait que c'est exactement cela que nous vivons, ressentons, pensons.

Un constat de la réalité telle qu'elle est.

Mais ne nous y trompons pas, ce constat est loin d'être anodin ! Il est profondément « révélateur ».

---

1. Expression utilisée par le Dr Jean-Marc Mantel, auteur de nombreux ouvrages publiés aux Éditions de la Mésange dont par exemple *Ouverture à la grâce*

Ainsi un synonyme de « non-dualité » pourrait-il être « réalité ». Mais une réalité qui ne se dévoile qu'au travers de ce regard, porté sur les choses et les événements et qui, par sa magie propre, totalement naturelle, révèle ce qui a toujours été présent mais est oublié à force d'être vu.

Ceci implique un point crucial. De tout ce qui est dit ici, il vous est absolument demandé de ne rien croire sur parole.

Il vous est proposé de découvrir par vous-même ce qui a toujours été profondément su en vous, de le voir, de le dévoiler, de le « révéler ».

Au fil des chapitres, je vais vous exposer divers exercices. Je vous invite à prendre tout le temps nécessaire pour les faire. C'est grâce à eux que vous pourrez facilement approcher puis comprendre la perspective abordée ici.

*

* *

Avant de commencer, un constat s'impose.

Depuis des millénaires nous recherchons tous le bonheur : un sentiment d'unité, d'harmonie, de tranquillité ou quelque autre nom que nous lui donnions. Un bonheur durable, et même permanent.

Pour quelle raison ? Parce que nous ressentons tous, à de nombreux moments, un manque, un sentiment de séparation, de dysharmonie, etc.

Cependant, force est de constater que, quels que soient leurs avantages, ni les avancées technologiques, ni les efforts déployés en matière de « développement personnel » ou de loisir, ni le confort moderne, ni aucune acquisition matérielle ou culturelle, aucune réussite familiale ou sociale... n'ont comblé cette aspiration.

Et si ce manque n'était pas ce que nous croyons ?

Et si un bonheur permanent ne pouvait pas et n'avait pas à être atteint de la manière dont nous le recherchons habituellement ?

Et si un « retournement », un changement de perspective, de point de vue, devait s'effectuer ?

Et si seuls un certain nombre de prises de conscience, « d'insights », de « réalisations », facteurs de grands changements, nous permettaient de « recentrer » notre quête et de la voir s'achever ?

C'est pourquoi ce livre vous propose d'aborder ce qui est et ce qui arrive sous un nouvel angle qui, je l'espère, vous paraîtra rapidement plus « réel » que le regard porté habituellement sur le monde.

Nous allons ensemble, si vous le voulez bien, porter l'attention sur des faits qui ont toujours été là mais qui sont restés masqués par une sorte d'hypnose collective et, surtout, par un sentiment erroné qui nous conditionne tous depuis le plus jeune âge, et dont nous sommes le plus souvent inconscients.

La question qui se pose à vous maintenant, ami lecteur, est la suivante : êtes-vous prêt à être d'une honnêteté foncière et à remettre en question des croyances parfois très intimes, qui sont en réalité erronées et porteuses de désagréments sans fin ?

Entrons dans le vif du sujet avec quelques exercices très simples.

Premiers pas

Je vous invite à écouter les sons, les bruits alentour[2]. Remarquez-vous un intervalle de silence entre eux ? Si les bruits sont trop fréquents, allez dans un endroit plus silencieux. Et prêtez attention à l'absence de bruit entre deux sons, prêtez attention au silence, écoutez-le. Que se passe-t-il ? Remarquez-vous que le silence vous « gagne » ? Tout se passe alors comme si le silence se faisait en vous, comme si vous rejoigniez ce silence. Le mental se tait, une détente se produit, une tranquillité douce apparaît.

Puis prenez le temps de remarquer que le silence n'est pas complet. Peut-être entendez-vous un son alentour, ou les battements de votre cœur… Et que ces sons apparaissent au sein même du silence : le silence ; un son en son sein ; le silence, aussi court soit-il.

Autrement dit, pour pouvoir entendre tout bruit, il faut que préexiste le silence.

Sans silence de fond, impossible d'entendre quoi que ce soit.

Restez avec cela quelques instants.

Ensuite, percevez l'espace qui vous entoure. Remarquez qu'il préexiste à tout ce qui l'occupe. S'il n'y avait pas d'espace, rien ne pourrait y apparaître, rien ne pourrait y être contenu.

Déplacez ce livre. Vous le déplacez au sein de l'espace. L'espace en est-il affecté ? Remettez-le là où il était il y a quelques secondes. Et remarquez cette évidence : l'espace reste le même. Inchangé, intouché.

L'espace, qui préexiste aux murs et au toit d'une maison, est et a toujours été là.

---

2. Exercice inspiré du bouddhisme et proposé par Eckhart Tollé dans *Quiétude* aux Éditions Ariane

Il préexiste à la maison et il lui survivra. Il n'est pas séparé de lui-même car il n'est pas chassé par la présence des murs. Il est là, présent au sein même du mur. Le mur occupe l'espace, mais ne le divise pas, ni ne l'altère en quoi que ce soit. Bien sûr, d'un point de vue existentiel, être chez soi est différent de se promener dans la nature. Mais l'espace *en tant que tel* n'est pas divisé entre « intérieur » et « extérieur ».

L'espace préexiste à tout ce qu'il contient. Sans lui, rien ne peut exister. Pas d'espace, pas d'objet.

De même, le silence préexiste à tout son et n'est pas modifié en soi par un bruit. Il reste le silence de fond sans lequel rien ne pourrait être entendu.

Et cela est SU, dès que nous y prêtons attention.

Cependant nous nous comportons le plus souvent « comme si... ».

Comme si le silence de fond était interrompu par un bruit et que les bruits étaient séparés par des intervalles de silence. En réalité, le silence de fond demeure intact, il n'est pas coupé par les bruits, et tout son apparaît, s'épanouit et disparaît *en* lui, en son sein.

De même, nous nous comportons comme si l'espace était divisé, comme si tout était toujours séparé alors que la réalité « de fond » est qu'il n'en est rien.

S'il ne s'agissait que de l'espace occupé par une maison, ce ne serait pas très grave.

Malencontreusement, cette *idée* de séparation s'applique à presque tout.

J'insiste sur le mot « idée ». Parce qu'il ne s'agit que d'une vision déformée – ou partielle – de la réalité.

Voilà ce que ne cesse de souligner la perspective non duelle : regardons plus attentivement et constatons qu'*en amont* de notre réalité existentielle, il n'y a pas de séparation. Pas « deux ». Pas de dualité parce que « deux » apparaît au sein de Cela et en tant que Cela, Cela qui ne peut être nommé. Et même le mot « Un » serait mal venu car il implique l'idée de « non 'un' » et de « quelqu'un » pour le nommer. Tous les couples d'opposés, tels l'amour et la haine ou le jour et la nuit, apparaissent au sein d'un ensemble unique les contenant tous.

Alors, bien sûr, au niveau existentiel, la dualité ne fait aucun doute : la nuit succède au jour et, bien souvent, la haine succède à l'amour.

En fait, ni la poule ni l'œuf ne sont premiers, seulement Cela. Ni le jour ni la nuit mais Ce qui les englobe tous deux. Ni l'amour ni la haine, mais Ce au sein de quoi ils apparaissent.

J'écris Ce ou Cela avec une majuscule pour indiquer qu'il ne s'agit pas de « quelque chose » mais de Ce qui Est, *avant* toute chose.

En fait, peu importe le mot. Rien ne saura jamais décrire Cela, comme nous le verrons plus loin.

Et il y a plus : il est évident, lorsque vous les ressentez, que l'espace ou le silence de fond n'ont aucune intention, aucune volonté. Ils sont, simplement. Et demander quelque chose à l'un ou à l'autre ne nous viendrait pas à l'idée.

C'est l'une des raisons pour laquelle la perspective non duelle ne saurait être une religion. Précisons cependant qu'il ne s'agit en aucune manière de dire que, par exemple, prier est stupide.

Certains appellent Cela « Dieu ». Mais chacun se représente Dieu d'une manière plus ou moins précise trop souvent liée à son éducation, à ses croyances. Aussi est-il souvent préférable d'éviter ce mot. D'autres l'appellent Tao et Le représentent par un symbole bien connu qui souligne que le jour est présent en germe dans la nuit et que la nuit est présente en germe dans le jour. L'amour dans la haine et la haine dans l'amour. Au niveau existentiel, l'un ne peut exister sans l'autre. On ne peut se représenter le concept de maladie que parce que nous avons le concept de santé ; et vice-versa. Les deux sont indissociables.

En définitive, chaque pôle duel est défini par l'existence de son opposé et le contient, au moins en germe. Et le monde existentiel ne peut pas ne pas être composé de l'alternance des jours et des nuits ou de tout autre pôle de toutes les polarités possibles.

C'est pourquoi toutes les tentatives de paix sur terre ne peuvent qu'échouer à ce niveau de conscience. Et ce constat n'est pas défaitiste ! Il exprime simplement un fait et est porteur d'une paix bien plus conséquente que celle imaginée jusqu'alors.

Car ce qui est souligné ici et que le symbole du Tao indique depuis des millénaires, c'est que le jour et la nuit, tout comme l'amour et la haine ou la poule et l'œuf sont contenus et apparaissent au sein de Ce qui les englobe, au sein de Cela, de même que tout objet apparaît au sein de l'espace, et tout son au sein même du silence.

Mais qu'est-ce que Cela et quel est son rapport avec la paix dans le monde et en soi-même ? Avec l'amour sans contraire ? Avec la fraternité sans faille ou l'absence de souffrance ?

Revenons à l'espace ou au silence. Soulignons une autre évidence, dont je viens parler plus haut : ni l'un ni l'autre n'ont d'intention, de concept, d'idée à propos de… Vous occupez telle zone de l'espace ? Vous instaurez des frontières entre chez vous et au-dehors ? Vous méditez toute la journée ou faites un bruit d'enfer avec votre téléviseur high-tech ? L'espace et le silence sont toujours là et restent tranquillement tranquilles.

Rejoignez cette perception de l'espace ou du silence.

Comme je l'ai dit, je vous proposerai encore et encore, tout au long de ces pages, de suivre les préceptes qui fondent la perspective non duelle : voir par soi-même, pas de croyance, pas de maître, pas d'enseignement[3]. Seulement une invitation à regarder, à retrouver ce qui a toujours été SU.

Aussi, je vous invite maintenant à prendre le temps de ressentir l'espace, le silence ou les deux simultanément.

Que se passe-t-il en vous alors ? Que ressentez-vous ? Que remarquez-vous ?

Dès l'instant où vous êtes en contact intime avec l'un des deux...

Ne ressentez-vous pas immédiatement un certain calme ? N'êtes-vous pas immédiatement en contact avec la paix dont nous parlions plus haut ?

Vous pouvez aussi simplement regarder un objet ou une plante. Pouvez-vous ressentir sa tranquillité de fond ? Elle ne fait que refléter la vôtre.

Refaites l'expérience autant de fois que vous le désirez et constatez-le par vous-même.

Cette paix, cette tranquillité ou quel que soit le mot que vous préférez lui donner, est toujours là. Une qualité de présence, une joie douce, un sourire... Notez que ce

---

3. On a demandé à Poonjaji (vidéo *Soyez libre de toute recherche* aux Éditions Inner Quest) s'il pouvait résumer son « enseignement » en une phrase. Il a répondu : « Pas d'enseignement, pas d'enseignant, pas d'étudiant ». Ceux qui partagent cette perspective non duelle et que l'on nomme souvent par facilité de langage « enseignants » ou « gurus » selon la culture d'origine, sont très nombreux à dire la même chose. « Comment pourrais-je vous apprendre à respirer ? Être est votre nature. On ne peut pas vous l'enseigner ! Qui serais-je pour prétendre pouvoir vous apprendre qui vous êtes ? Vous êtes Cela, tout comme moi » affirment-ils avec raison.

ressenti n'est pas affecté par les événements ou l'heure de la journée. Remarquez qu'il peut être plus ou moins difficile d'être conscient de l'espace ou du silence, et de maintenir cet état mais que, dès l'instant où cela se fait, la même sorte d'impression intérieure est là.

Constatez aussi que cette impression est sans objet et sans cause. Elle n'est créée par rien et n'a besoin d'aucune condition, d'aucun événement, d'aucune « apparition » existentielle tel un son, une personne, etc.

Vérifiez enfin qu'en réalité, la paix, la tranquillité, la présence... ont toujours été là, *avant* tous les événements de la vie qui nous « prennent », et nous font oublier cette réalité de fond.

Mais peut-être en doutez-vous ?

Souvenez-vous de moments où vous avez déjà ressenti le même genre de tranquillité.

Quelles circonstances l'ont suscité ?

Ce sentiment vous est connu, n'est-ce pas ?

Il peut survenir lorsque nous sommes vraiment détendus, lorsque nous nous promenons en forêt, cultivons notre jardin, obtenons ce qui nous est cher... Peu importe. Il est toujours du même style.

Et puis nous partageons tous une même certitude, quel que soit notre âge, notre sexe, la couleur de notre peau, nos croyances, notre religion, notre degré de fortune, notre état de santé, etc. : nous savons sans l'ombre d'un doute que nous sommes, que nous existons. Nous éprouvons ce sentiment d'être, cette conscience d'être, le fait même d'être, « l'êtreté » pourrait-on dire.

Vous savez que vous êtes, que vous existez. Reliez-vous au fait d'être, d'exister. Que ressentez-vous alors ? N'est-ce pas très proche de ce que vous ressentez lorsque vous êtes présent au silence ou à l'espace ? Lorsque vous êtes vraiment détendu ou en contact avec la nature ?

Mais peut-être est-ce difficile pour vous d'en être conscient ? Alors, l'espace d'un instant, tentez de cesser d'exister, tentez de cesser d'être... Impossible n'est-ce pas ?

Bien sûr, il peut nous arriver de perdre de vue cette conscience d'être. Mais nous ne sommes pas inconscients pour autant. Et le simple fait d'être conscient souligne qu'il y a conscience, que nous l'oublions ou non. Et la preuve est là : lorsque nous essayons de cesser d'être, nous remarquerons immédiatement que cette conscience d'être ne peut nous quitter.

Si vous restez en lien avec le fait d'être, de quoi est-il fait ? Quelles sont ses caractéristiques ?

Par exemple, se modifie-t-il avec le temps ? Est-il différent maintenant de tout à l'heure ? Hier ou bien il y a dix ans, d'aujourd'hui ? Est-il différent lorsque vous êtes heureux ou soucieux ?

Prenez le temps de le constater par vous-même : la conscience d'être est toujours semblable.

De plus, si vous restez un instant avec elle, vous remarquez que ni la question de votre âge ni celle de votre sexe ne se posent. Vous remarquez aussi que, pour un instant, vos soucis disparaissent.

Difficile de croire que nos soucis s'envolent pendant un instant ? Voilà un point de première importance sur lequel nous reviendrons en détail plus loin. Mais d'ores et déjà, nous savons très bien que nos soucis s'effacent à d'autres moments, quelle que soit leur importance : lorsque nous dormons. Ils s'éclipsent aussi lorsque nous rions. Autrement dit, nous avons le plus souvent l'impression qu'ils sont constants jusqu'à leur résolution. Mais en fait, il n'en est rien.

Je vous propose de vous y arrêter une minute ou deux et de vous laisser intégrer cette donnée : un souci apparaît et disparaît au fil des heures.

Déconstruire des croyances, des idées, des points de vue et percevoir ce qui a toujours été présent et central. Voilà ce que « la perspective non duelle » propose dans un premier temps.

Il ne s'agit aucunement d'adhérer à une nouvelle croyance ou à une théorie. Seulement de constater, de prendre pleinement conscience de ce qui a toujours été. Et c'est pourquoi cette approche n'est pas non plus une philosophie.

Comment cela nous permettra-t-il de voir disparaître toute souffrance ? Nous l'aborderons petit à petit. Mais retenons-le : sans ce « regard » ou cette « écoute », ou ce retour à « l'évidence de ce qui est SU » que nous venons d'expérimenter, nous ratons quelque chose d'essentiel.

Que suis-je ?

D'une façon générale, nous pensons savoir qui nous sommes, ou nous avons cessé de nous poser la question.

Nous sommes une femme, un homme, un père, une mère, un artisan, un commerçant, un ingénieur, une infirmière... Nous aimons le foot ou la broderie.

Nous sommes plus ou moins honnêtes ou séduisants, jeunes ou vieux, de gauche ou de droite, ou encore écologistes, etc.

Autrement dit, nous nous définissons en fonction de notre « apparence » : notre position sociale, nos activités, nos croyances, notre corps...

Cependant ce que nous croyons être n'a absolument rien à voir avec ce que nous sommes.

Par exemple, nous avons pris l'habitude de vivre selon cette pensée : « je suis ce corps ». Sous entendu : s'il meurt, je meurs.

Cette pensée est tellement partagée, par – presque – tous, qu'elle n'est que bien rarement remise en question.

Et d'un point de vue existentiel, c'est certain, notre vie se déroule bien dans ce corps.

Aujourd'hui nous sommes assaillis d'images qui nous conditionnent largement. Alors nous pensons que nous sommes ce corps et que s'il est entretenu, valorisé, séduisant selon les critères actuels de la société dans laquelle nous vivons, nous allons nous sentir mieux, réussir, être aimé(e), ou que sais-je encore. Voyez-vous le piège ? Nous en oublions trop souvent notre beauté « de fait », intérieure, au profit d'une image corporelle dont la beauté est éphémère.

Mais prenons le temps de regarder cela de plus près et posons-nous la question : ai-je un corps ou suis-je ce corps ?

Si la réponse ne vous paraît pas évidente, imaginez que vous vous coupiez. Quelques points de suture et une cicatrice plus tard, votre conscience d'être ou d'exister est-elle altérée ?

Bien sûr, la perte d'un organe, d'un membre ou d'une fonction corporelle est un handicap certain. Mais sommes-nous « moins » pour autant ? Moins humain par exemple ?

Nous savons pertinemment au fond que « nous sommes » toujours, avec le même sentiment, la même conscience, avec ou sans l'appendice, les amygdales, etc.

Nous ne sommes pas le corps, nous avons un corps.

Par conséquent, nous avons des sensations et des perceptions – corporelles par définition – et nous ne sommes donc ni nos sensations ni nos perceptions.

Il en est de même pour les pensées. Nous sommes souvent identifiés à elles, ainsi qu'à nos croyances – qui ne sont en fait que des pensées.

Mais si nous nous interrogeons : sommes-nous nos pensées ou avons-nous des pensées ? Sommes-nous nos croyances ou certitudes – politiques ou autres – ou avons-nous des croyances et des certitudes ?

Difficile de le reconnaître, mais au fond, nous le savons pertinemment : nous avons des pensées et nous leur donnons de la force, et même un énorme pouvoir, en croyant en elles.

Il nous arrive à tous de prendre certaines croyances pour *la* réalité, *la* vérité. Et elles nous font réagir au quart de tour…

En ce sens, elles sont le veau d'or de l'*Ancien Testament* et la pomme de discorde : nous les vénérons souvent au point de ne pouvoir les abandonner et nous sommes régulièrement prêts à nous étriper au nom de nos croyances. Incroyable de non-sens quand on y regarde de près !

J'ai le sentiment que nous tenons là l'une des différences fondamentales entre les humains et les animaux : les premiers adoptent un grand nombre de croyances qui gouvernent leurs vies et y sèment plus de confusion et de souffrance que de paix.

Avez-vous déjà vu un moineau se soucier de sa subsistance ou mettre en prison un autre moineau parce qu'il a franchi une frontière sans détenir un passeport en règle ?

Je ne suis pas en train de dire que les frontières entre les pays doivent disparaître demain. Je souligne que nous créons nos propres souffrances d'une manière particulièrement efficace et que nous ne soupçonnons même pas : la croyance en nos pensées. Mais nous y reviendrons en détail.

S'il est établi que je ne suis ni ce corps, ni ces pensées.

Suis-je fait d'émotions alors ?

Avons-nous des émotions ou sommes-nous nos émotions ?

Vous l'avez compris, nous ne sommes pas non plus nos émotions. Nous avons des émotions, faites de sensations corporelles et de pensées. Remémorez-vous une histoire personnelle : « Je suis blessé(e) ou j'ai été blessé(e) lors de telle circonstance, parce que… » Finissez la phrase, voulez-vous ?

Et découvrez la pensée qui avalise cette blessure.

« Il s'est passé telle chose et cela signifie que… ».

Nous pensons par exemple que tel ou tel comportement est le signe d'un manque de respect. Mais est-ce absolument certain ? À cent pour cent ?

Nous savons que les marques de respect sont différentes d'une culture à une autre. Elles le sont aussi d'une famille à une autre et même d'une personne à une autre.

Et puis si je me souviens du nombre de fois où j'ai été maladroit et ai blessé quelqu'un sans le vouloir et souvent sans même m'en rendre compte ! Comment ne pas accueillir les maladresses des autres lorsque l'on est conscient des siennes ?

Au fil du temps, je me suis rendu compte d'un fait qui me paraît essentiel : nous faisons toujours tous de notre mieux, compte tenu de notre histoire, de nos gènes et de nos conditionnements.

D'une façon générale, les émotions dites « négatives » proviennent d'un refus de ce qui arrive, et les émotions dites « positives » du sentiment d'obtenir ce que nous désirons. Prenez le temps de le vérifier pour vous-même, voulez-vous ?

Toujours est-il que si nous ne sommes ni notre corps, ni nos pensées, ni nos émotions, nous restons avec cette interrogation : « Qui suis-je ? ». Ou mieux formulé, « Que suis-je ? ». En effet, « qui » présuppose l'existence d'un « quelqu'un », d'une « personne séparée », ce que nous sommes amenés à remettre en cause.

Comme nous l'avons dit plus haut, il est évident pour nous tous que nous sommes. Mais quoi ? Ou autrement formulé : c'est quoi, « moi » ? Quelle est sa réalité ?

Cette question et toutes celles qui tournent autour pour mieux y ramener, constituent ce qui est appelé « atma vichara[4] » par les hindous, que l'on peut traduire par « auto-investigation ». Elle est centrale et même essentielle : elle permet d'approfondir la perspective non duelle.

---

4. Ramana Maharshi a souvent parlé de l'auto-investigation et de son importance. Il est l'une des plus grandes figures spirituelles et non duelles de l'Inde. Carl Gustav Jung a écrit qu'il était « le point le plus blanc au sein d'un espace blanc ». On peut lire avec bonheur : *Sois ce que tu Es*. La question qu'il posait n'était pas « Qui suis-je ? », mais « Quoi, 'moi' ? ».

Alors prenons le temps de nous demander, non pas avec la tête, mais là, au centre de nous-mêmes, dans notre cœur, tout en étant conscient d'être : soit, je suis, j'existe, mais c'est quoi « moi » ? Que suis-je ?

Restons avec cette question. Sans en chercher la réponse. Ou autrement dit : gardons l'esprit vide et centré sur la question.

Et constatons-le par nous-mêmes. Nous ne connaissons pas la réponse à cette question.

Un doute ? Une controverse ? Une réaction ?

Qui doute ou argumente, qui réagit ? « Moi », n'est-ce pas ?

Où « moi » prend-il sa source ?

Regardez en vous. N'y découvrez-vous pas une absence de réponse ?

Vous pouvez essayez avec tout ce que vous pensez ou ressentez.

Qui pense, qui ressent ? « Moi » répondrez-vous.

Mais qu'est-ce que « moi » ? D'où provient-il ? Où prend-il sa source ?

Pas de réponse.

Alors vous arrivez à cette conclusion : « Je suis ; je sais que je suis ; et je ne sais pas ce que je suis ».

Curieusement, prendre conscience de cela est tout à fait suffisant en soi. Une certaine tranquillité est même ressentie : rien de spécifique à être, rien à défendre, rien à établir. Être. Simplement être… Quelle liberté !

Je vous invite à le savourer maintenant.

Sans mémoire

Si vous le permettez, faisons une petite expérience[5].

Si vous n'utilisez ni vos pensées, ni vos sensations, ni vos perceptions, ni vos émotions, ni votre mémoire, êtes-vous…

Jeune, vieux, ou ni l'un ni l'autre ?

Prenez le temps de fermez les yeux un instant et laissez-vous réaliser ce qui est évident intérieurement et impensable dès que la mémoire, les sensations, les perceptions, les pensées sont présentes.

Faites de même pour chacune des questions suivantes. Si vous n'utilisez ni vos pensées, ni vos sensations, ni vos perceptions, ni vos émotions, ni votre mémoire, êtes-vous…

Un homme, une femme, ou ni l'un ni l'autre ?
Savant, ignorant, ou ni l'un ni l'autre ?
Seul, en relation, ou ni l'un ni l'autre ?

J'insiste, si vous ne faites appel ni à vos sensations, ni à vos perceptions, ni à votre mémoire, ni à vos pensées. Comment pourriez-vous même avoir l'idée ou l'impression d'un corps ?

Étonnant n'est-ce pas ? Tout à coup, ces définitions de nous-mêmes n'ont plus de sens. Nous ne savons plus rien.

Cependant, nul besoin de prendre peur. Tout cela est tout ce qu'il y a de plus normal. Plus : c'est *naturel*.

---

5. Cet exercice est inspiré de l'enseignement de Nisargadatta Maharaj, rapporté par Stephen Wolinsky, un enseignant américain. Nisargadatta Maharaj est un autre pilier indien de la perspective non duelle dont on peut lire l'ouvrage de référence par excellence : *Je Suis*, Éditions Les Deux Océans.

En « soi » nous ne savons rien, sinon que nous sommes.

« Je sais que je ne sais rien » disait Socrate. En fait c'est de cet espace dont il parlait.

Notez simplement : « je suis ». « Je suis » « je suis ». « Je suis », sans même les mots pour le dire car, pour ce faire, il faut utiliser la mémoire.

« Je suis » demeure, toujours présent, sans sensation, sans perception, sans pensée, sans mémoire…

Puis restez seulement conscient, sans porter cette conscience sur quoi que ce soit.

Nous avons l'habitude de penser que nous sommes tel ou tel : bon ou imparfait, intelligent ou stupide, orgueilleux ou humble, jeune ou vieux…

Coupez toutes ces définitions de vous-même. Que reste-t-il ? « Je suis ceci et cela » devient « je suis ». Restez avec « je suis ».

Et remarquez que la présence au silence ou à l'espace provoque le même genre de sensations.

Fermez les yeux à nouveau et de même que précédemment, si vous n'utilisez ni vos pensées, ni vos sensations, ni vos perceptions, ni vos émotions, ni votre mémoire, en *soi* :

> Êtes-vous défini, non défini, ou ni l'un ni l'autre ?
> Limité, illimité ou ni l'un ni l'autre ?
> Et ces mots ont-ils encore un sens ?
> Dans le corps, hors du corps ou ni l'un ni l'autre ?
> D'ailleurs, ces mots ont-ils encore un sens ?
> Êtes-vous parfait, imparfait, ou ni l'un ni l'autre ?
> Et les mots « parfait » ou « imparfait », ont-ils encore un sens ?
> Avez-vous de la valeur, ou non, ou ni l'un ni l'autre ?
> Et les termes « Avoir de la valeur » ont-ils encore un sens ?

Explorez ainsi tous les points que vous désirez.

Êtes-vous complet, incomplet ou ni l'un ni l'autre ?
Que signifie « complet », « incomplet » ?
Êtes-vous libre, non libre ou ni l'un ni l'autre ?
Que signifient ces mots ?
Êtes-vous puissant, sans pouvoir, ou ni l'un ni l'autre ?
Ces mots ont-ils encore un sens ?
Êtes-vous digne d'être aimé, indigne d'être aimé, ou ces mots n'ont-ils tout simplement plus de sens ?
Que deviennent les notions de manque, de désir, de volonté ?
De passé, de futur ?
Les peurs, les blessures ?
Le besoin de sécurité ?

Tout cela disparaît.

Notez encore une fois cet état, sans mémoire : être, sans le mot pour le dire.

Puis ouvrez les yeux. Et demeurez sans pensée, sans mémoire, ni émotion, ni sensation, ni perception. Ne fixez votre attention que sur cet état, sans tension.

Lorsque nous faisons cela, nous réalisons que nous ne sommes rien de toutes les définitions que nous donnons de nous-mêmes habituellement. Nous ne sommes pas définissables par des concepts tels que : avoir de la valeur, être digne d'être aimé, avoir du pouvoir ou confiance en soi, avoir le sentiment d'être adapté, séparé ou en lien, se sentir en sécurité…

L'existence est faite d'une succession d'état : heureux, triste, en colère, joyeux, tranquille… Il en est de même de la nature : le temps par exemple est tantôt pluvieux, ensoleillé, humide, froid, tempéré…

Tout ce qui est de l'ordre de l'existence est ainsi : duel et alternatif. Rien ne dure définitivement à ce niveau.

Alors que « je suis » demeure, quel que soit l'état dans lequel nous nous trouvons.

Ce qui est dit là n'est pas ultime, nous le verrons plus loin. Mais pour l'instant, arrêtons-nous y un instant, voulez-vous ?

Une question se pose : si « je suis » est naturel et permanent, pourquoi ne le vit-on pas plus ?

La première raison en est que nous sommes fascinés par les états.

Imaginez-vous dans une salle de cinéma. Un film est projeté là, en face de vous. Pensez-vous à l'écran sans lequel il serait impossible de voir le film ? Non, n'est-ce pas ?

Autrement dit, pris par les images, nous « oublions » ce qui leur permet d'être vues. De même, nous oublions « je suis » qui seul permet à tous les états, alternatifs, d'être perçus.

De plus, imaginez aller au cinéma et que l'écran reste vierge pendant toute la séance. Ce ne serait guère intéressant, n'est-ce pas ?

De même nous préférons généralement le « cinéma » existentiel à la conscience d'être.

Si le film est bon, nous sommes réjouis ; sinon, nous ressentons un « mal-aise » plus ou moins prononcé.

De même, si nous oublions « je suis », nous sommes tour à tour réjouis ou mal à l'aise.

Pourtant, conscient d'être, l'impression est agréable, la paix ressentie indubitable.

Mais le mental n'en veut pas, il désire autre chose.

Ce qui nous amène à la deuxième raison, bien plus forte que la première, mais plus inconsciente aussi : la peur.

Le mental a peur. Oui. Car il sait très bien que demeurer dans « je suis » signifie sa dissolution à plus ou moins long terme. Alors il invente une parade, par exemple : « Je m'ennuie ». L'ennui, l'un de ses artifices qui nous font nous mouvoir à coup sûr !

En effet, nous ne restons pas bien longtemps à nous ennuyer, tout en restant tranquille, amusé et le sourire aux lèvres !

L'ennui est associé à « négatif », une impression dans laquelle ne pas rester. Mais pourquoi ? Qu'a-t-il de si terrible ?

Et si nous prenions le temps de rester avec lui, avec les sensations physiques qu'il procure et les pensées qu'il engendre (et qui l'engendrent !), que se passe-t-il alors ?

Je vous invite à en faire l'expérience, hors des sentiers battus du connu, hors de cet évitement quasi automatique qui se fait sans que nous en connaissions bien la raison.

La prochaine fois que vous ressentez un ennui, acceptez simplement de rester avec ce sentiment et de regarder ce qui le compose : les pensées, les émotions, les perceptions, les sensations... L'ennui disparaît du simple fait de s'intéresser à ce qui le compose. Mais il y a plus : vous pourrez découvrir qu'il est créé de toutes pièces dans le seul but d'éviter le « rien », le « vide ».

Cependant, si nous restons avec cette sensation de « vide », nous nous rendons compte qu'elle n'est qu'apparente. Elle recouvre le sentiment d'être, « je suis ».

Je vous invite là encore à en faire l'expérience.

Je vous invite à approcher doucement l'ennui et tout ce qu'il recouvre jusqu'à percevoir ce vide. Puis restez tranquillement avec cette impression de vide, de rien, de noir, etc. Apprivoisez-la.

Si nous restons présents au vide de pensée et d'occupation, aucun ennui ne survient en réalité. Seulement la douceur de « je suis ». Jusqu'à ce qu'une pensée nous ramène au sein du monde coloré de la dualité existentielle.

Dès l'instant où nous portons le regard du « je suis » sur ce qui arrive, la paix est immédiate. Même si le mental créait un sentiment d'ennui un instant auparavant. Regardez l'ennui de près, et l'ennui s'éclipse aussitôt.

Bien sûr ce regard ne fera pas disparaître définitivement tous les soucis, les deuils et autres souffrances existentielles. Mais il y apporte un baume immédiat. Une possibilité, non de s'en extraire, mais de les percevoir avec d'autres yeux, celle d'une tranquillité souriante, de fond. Et, comme nous le verrons plus loin, le chemin ne s'arrête pas là.

De la séparation à l'unité

Je vous propose souvent de revenir à la conscience d'être, au fait d'être, à « l'êtreté », et de regarder tout le reste.

Ce regard, et l'auto-investigation, sont le fondement de ce qu'on pourrait appeler : une « pratique non duelle ». Ce sont les « outils » de « la voie directe » menant à la « réalisation »[6].

La réalisation de quoi ? Qu'il n'y a pas d'individu séparé, pas de « moi » au sens où nous l'entendons habituellement.

Bien sûr, il y a ici un individu qui répond à l'appel de son nom. Bien sûr, ce corps ressent, perçoit, éprouve des émotions. Bien sûr des pensées émergent puis disparaissent... Bien sûr cet individu est « normal », comme tout autre.

Mais cet « organisme corps-mental » – tout ce que nous croyons être – n'est pas séparé de qui ou de quoi que ce soit, et surtout pas de Cela dont nous parlions plus haut.

Nous abordons là le cœur de la perspective non duelle.

Nous éprouvons le plus souvent un sentiment de séparation, qu'il soit conscient ou inconscient. Et nous n'avons de cesse de mettre un terme à ce sentiment, que ce soit d'une façon consciente ou inconsciente.

En fait, et autrement dit, quasiment tout ce que nous faisons ou ressentons provient de ce sentiment d'être séparé. C'est LE trouble-fête qui sévit sur cette planète

6. Les guillemets sont là pour préciser que ces mots ne sont que des approximations à ne pas prendre au pied de la lettre. Nous aborderons cela en détail plus loin.

depuis que l'homme s'y trouve. Et nous allons en parler longuement.

Encore une fois, je ne vous demande pas d'être convaincu sur parole. Je vous invite à explorer ce que vous êtes et à découvrir par vous-même une évidence oubliée, tout comme l'est l'écran sur lequel le film est projeté.

Souvenez-vous des meilleurs instants de votre vie, les plus petits comme les plus intenses. Regardez-les de près, tour à tour. Éprouviez-vous un quelconque sentiment de séparation dans ces instants-là ?

Vous êtes amoureux ou amoureuse, et même si l'être aimé n'est pas là, ce sentiment vous remplit et vous porte. Vous avez des ailes, vous êtes en joie, et en lien avec elle ou lui.

Dès qu'il ou elle vous manque, c'est que vous vous en sentez loin. Et vous n'avez qu'un désir : être proche afin de mettre un terme à ce sentiment de séparation.

Il en est de même de tout désir : dès qu'un désir apparaît, c'est que nous ressentons une séparation, une distance entre « moi » et « l'objet » de mon désir.

Je suis en conflit avec mon voisin ? Je me sens séparé du sentiment de paix que je recherche.
J'ai envie d'une nouvelle voiture ? Je me sens séparé du plaisir que la posséder procure.

Nous cherchons tous le bonheur, ce qui signifie : nous cherchons tous à mettre fin au sentiment de séparation dès qu'il apparaît.

Pourquoi sommes-nous en crise si l'être aimé nous quitte ? Parce que nous perdons le sentiment d'unité.

Nous nous retrouvons « seul ». En fait avec une sensation d'esseulement.

Toute satisfaction est liée au sentiment d'unité, toute insatisfaction au sentiment de séparation. L'un est recherché, l'autre repoussé. Ainsi l'existence est-elle faite de hauts et de bas. Et il en sera toujours ainsi.

Aussi est-il inutile de continuer à croire à un bonheur « existentiel » définitif. Il est impossible car l'essence de l'existence est duelle. Les jours alterneront toujours avec les nuits et les instants étiquetés heureux avec ceux étiquetés malheureux. Cinquante pour cent chacun, selon une loi immuable, inscrite avant même que la terre apparaisse. Et si vous êtes toujours heureux, alors d'autres sont toujours malheureux.

Autrement dit, nous n'atteindrons jamais le bonheur tel que nous l'envisageons habituellement.

Ces paroles peuvent paraître dures. En fait, elles ne le sont pas, bien au contraire. Prendre pleinement conscience de ce fait est l'un des plus beaux espoirs de guérir notre mal existentiel. Réaliser que le bonheur après lequel nous courons ne sera jamais atteint, accueillir pleinement ce fait, et laisser être ce qui surgit alors...

Nous y reviendrons.

Depuis que le monde est monde, les hommes recherchent le bonheur alias un sentiment d'unité. Peut-être avez-vous l'impression de rechercher plutôt la réussite sociale, la vie de couple, une famille, etc. Mais en fait, n'est-ce pas parce que vous en escomptez un certain bonheur, un sentiment de complétude ? Ainsi, depuis que vous êtes né, consciemment ou inconsciemment, vous recherchez vous aussi le bonheur. Où en êtes-vous aujourd'hui ? Avez-vous atteint le sentiment d'unité recherché ? Et si oui, pouvez-vous être sûr à 100 % qu'il est définitif, qu'il durera jusqu'à la fin de vos jours ?

En résumé, aucune satisfaction, aucune possession ne nous rendra définitivement heureux ;

Le bonheur, celui qui dure toujours, ne sera jamais existentiel ;

Les instants de bonheur que nous connaissons, même s'ils durent parfois des années, sont toujours liés au sentiment d'unité ;

À travers tous nos désirs, c'est ce sentiment que nous recherchons tout en fuyant celui d'être séparé : de nous-mêmes, du bonheur, de l'amour, de l'autre…

Alors, la solution ?

Si elle n'est pas existentielle, elle ne peut être que « essentielle ». Et c'est pourquoi je reviens sans cesse à la conscience d'être. Elle préexiste à l'expérience d'un « moi » séparé, elle lui survit, elle est toujours présente, même lorsque nous traversons une mauvaise passe.

Elle peut paraître ennuyeuse pour le mental qui réclame sans cesse sa ration d'expériences nouvelles et de changements. En fait, elle ne l'est pas. Regardez l'ennui de près et il disparaîtra car il est créé de toutes pièces par le « moi » qui craint pour sa survie. Acceptez-vous de prendre le temps d'explorer cette affirmation ?

J'ai employé le verbe « étiqueter » un peu plus haut. Ce que nous appelons « le mental » étiquette, divise, sépare, juge… Rien que de très naturel, c'est sa fonction. Et mon Dieu, il est utile de savoir différencier ce qui est comestible de ce qui est toxique pour l'organisme ! Ces séparations sont souvent nécessaires à la vie quotidienne.

Tant qu'elles sont utilisées pour leur aspect pratique, pas de souci. Malheureusement, elles sont souvent prises pour une réalité définitive, utilisées pour imposer des règles dysfonctionnelles et génératrices de souffrance.

Le mental – le moi – commence par diviser les choses en « moi » et « non moi ». Puis « mien » et « non mien ».

Ceci est très fonctionnel au quotidien : Je prends soin de mon corps et de mes biens, ce qui ne m'empêche pas d'aider les autres en cas de besoin.

Et tant que la peur ne s'en mêle pas, tout va bien.

En fait, ces divisions ne sont pas définitivement réelles.

Partons d'une évidence : lorsque nous regardons une photo de la terre vue du ciel, nous ne voyons pas de frontières. Autrement dit, les frontières ne sont pas « définitivement réelles », ce ne sont que des séparations définies par l'homme en fonction de faits historiques ou géographiques. Elles n'en ont pas moins une réalité existentielle.

Avec la disparition du « moi » disparaît la notion de propriété. La nuit, lorsque vous dormez d'un sommeil profond, vous êtes bien incapable de savoir ce que vous possédez ! Et lors de vos rêves, ne vous arrive-t-il pas d'être totalement différent de ce que vous êtes pendant la journée ?

Autrement dit, nous prenons pour un fait acquis ce qui ne l'est pas.

« C'est à moi » est réel d'un point de vue existentiel, mais n'est pas définitivement réel.

Avec la mort du corps physique, vos possessions ne vous appartiennent plus.

« C'est moi » est réel d'un point de vue existentiel, mais non définitivement réel.

Et la question reste posée : Qu'est-ce que « moi » ?

Permettez-moi de me répéter.

Nous avons tendance à nous identifier au corps, aux pensées, aux émotions, aux croyances, aux possessions…

Mais tout cela ne peut pas nous définir de façon définitive puisque :

- Le corps ne cesse de se transformer quand encore il ne tombe pas malade, n'est pas amputé de l'un de ses organes ou privé de l'une de ses fonctions ;
- Notre vision du monde évolue avec le temps et nos pensées à son sujet ; nos croyances – y compris à propos de ce qui est bien ou mal – changent ;
- Nos émotions varient parfois à une vitesse remarquable ;
- Nos biens personnels ne cessent de fluctuer et les catastrophes climatiques nous rappellent que nous pouvons « tout » perdre – sauf la conscience d'être – en quelques secondes ;
- Si nous ne faisons pas appel à nos pensées, nos sensations, nos perceptions, nos émotions, notre mémoire, nous réalisons que nous ne pouvons pas nous définir.

Alors, s'il était impossible de nous définir de façon définitive ?

Ou bien, à la rigueur, seulement par les mots : « êtreté », « je suis » ?

Mais revenons un instant sur la notion de limite. Il est évident que les frontières sont des limites créées par l'homme. Mais il y a plus : le corps ne nous apparaît pas réellement limité par la peau.

Peut-être l'avez-vous remarqué lors de l'exercice précédent. Mais approfondissons-le, voulez-vous ?

Oubliez un instant votre mémoire à propos du corps et de ses limites. Et contentez-vous, les yeux fermés, de ressentir l'ensemble de vos sensations corporelles. Sans la mémoire de la vision du corps dans un miroir, comment le ressentez-vous ? *En tant que sensations*, est-il limité, clairement défini, ou est-il fait de sensations ici et là ? D'ailleurs, si vous oubliez même la notion « corps »... Bien sûr, vous savez que vous avez un corps. Mais oubliez-le un instant, voulez-vous ? Ne réalisez-vous pas que les sensations sont perçues comme « sans support » ? Sans mémoire, nous pouvons seulement dire qu'il y a des sensations. Où ? Ici et là. Séparées ? Mais de quoi ? La notion même de séparation disparaît. Limitées ? Mais en quoi ? Il y a des sensations ici et là, et même des sensations d'espace entre les différentes sensations. Mais les sensations ne sont pas perçues comme séparées les unes des autres, ni séparées d'un prétendu « monde extérieur ». Elles apparaissent *en* « moi ». L'idée même de « monde extérieur » ne disparaît-elle pas avec la mémoire de « moi dans un corps limité » ?

Réalisez aussi que les bruits sont entendus, mais pas en dehors de moi ! Sans la mémoire « dehors-dedans », en tant qu'expérience pure, ils apparaissent eux aussi *en* moi, ici et là, au sein de cet « espace de conscience » fait de sensations et de perceptions.

Et si vous ouvrez les yeux tout en restant sans mémoire, tout en restant conscient de cet « espace de conscience », vous vous apercevez que les perceptions visuelles apparaissent en vous, elles aussi, à « zéro distance »[7] de ce que vous êtes.

Certes, c'est généralement plus difficile à réaliser. Les perceptions visuelles apparaissent cependant en moi, et sont souvent interprétées comme étant « là-bas ». Bien sûr, d'un point de vue existentiel et fonctionnel, l'arbre qui se trouve en face de moi se trouve toujours en face. Et si je ne veux pas me faire mal, il faudra bien que je le contourne !

Cela n'empêche pas que les perceptions, toutes les perceptions, et les sensations, toutes les sensations, apparaissent en moi ; il n'en est pas moins vrai que je ne peux pas être définitivement défini par des limites corporelles.

---

7. Le lecteur désireux d'approfondir cette « vision » peut s'intéresser à l'enseignement de Douglas Harding, auteur de nombreux ouvrages dont *Vivre sans tête* aux Éditions Le Courrier du Livre.

Je ne cherche pas ici à nier la réalité existentielle habituelle. Je le répète et même j'insiste : elle existe, sans l'ombre d'un doute, et je pose mes pieds sur le sol qui me soutient, c'est indéniable. Et cette vision de la réalité est évidemment le plus souvent fonctionnelle.

Je cherche à montrer que ce qui est ne peut être réduit à cette réalité existentielle. Je vous invite à découvrir que d'autres réalités coexistent et que non seulement ces autres réalités ont une valeur intrinsèque importante mais que, de plus, elles peuvent modifier définitivement notre existence, d'une manière aussi insoupçonnée qu'heureuse.

Nous sommes tous tellement conditionnés à penser d'une certaine manière à propos des sujets abordés ici qu'il est quasiment impossible de se rendre compte que ce mode de pensée est réducteur. Il n'est pas faux ! Seulement incomplet.

Je le précise : il n'est pas question de vous conditionner autrement, ni de partager d'autres croyances, mais de déconditionner des vues partielles – et donc partiales – de défaire de fausses croyances afin de percevoir ce qui a toujours été là, en fond. Déconstruire, encore et encore jusqu'à dévoiler l'essence qui nous compose…

De la pensée à la conscience

Un autre point mérite toute notre attention : la pensée.

Nous avons l'habitude de croire que nous pensons. En fait, ce n'est pas tout à fait exact. Les pensées apparaissent en nous, sans personne pour les penser.

Si vous y êtes attentifs, vous remarquerez que la plupart, sinon toutes nos pensées, surviennent, tout à coup, à partir de… rien.

Les pensées surviennent parfois suite à une association d'idée – donc par définition sans « un penseur », un « quelqu'un en train de penser » – mais pas toujours. Souvent nous sommes simplement en train de faire quelque chose, et une pensée surgit. Rester avec cette pensée et la développer n'est pas non plus une décision réfléchie. Cela se fait, ou non.

Nos associations d'idées, de même que nos interprétations des faits, ne sont pas non plus réfléchies. Vérifiez-le pour vous-même. Bien sûr, nous pouvons élaborer un raisonnement les expliquant, mais en fait, même ce raisonnement est souvent automatique et conditionné. Tout ceci est particulièrement remarquable dans le domaine relationnel. Nous y reviendrons plus loin.

Toujours est-il que, en réalisant cela, nous pouvons nous sentir consternés et nous dire : « Non, ce n'est pas possible ! « Je » pense ! Je ne suis pas un ordinateur quand même ! ».

Et cette réflexion n'est elle-même qu'une pensée, presque automatique, liée à notre conditionnement.

En réalité, cette pensée apparaît au sein de la conscience. Et comme nous l'avons vu plus haut : je ne suis pas mes pensées.

Notre culture insiste sur le fameux « Je pense donc je suis » de Descartes et omet trop souvent de parler du trait central des *Méditations métaphysiques*, qu'il a écrites plus tard : « Je suis, j'existe ».

En effet : je suis, j'existe. Avant toute pensée, pendant toute pensée et après toute pensée.

Par exemple, pensez-vous lors des rapports sexuels ? Sont-ils dirigés par votre pensée ? Calculez-vous exactement ce que vous faites et la manière dont vous le faites ? Ou bien l'acte se déroule-t-il naturellement, sans pensée ? Cessez-vous d'exister pour autant ? N'êtes-vous pas alors beaucoup plus vous-même sans pensée ?

Vérifiez-le à d'autres occasions.

Lorsque vous êtes scotché par la beauté d'un paysage. Pensez-vous ? Cessez-vous d'être ?

Ou encore souvenez-vous de vos éclats de rire, de la naissance d'un enfant, de l'annonce d'une très bonne nouvelle, d'un parfum enivrant... La pensée ne s'arrête-t-elle pas alors ?

Et regardez un enfant. N'est-ce pas justement sa spontanéité, exempte de pensée, qui est touchante ?

Alors sourire, amusé de s'être encore une fois fait prendre au piège de « moi », un « être pensant ».

Et à cet instant précis où le sourire amusé naît, « l'êtreté » est là, vide de pensée.

Aussi pourrions-nous affirmer : « Tant que je crois que je pense, tant que je crois en mes pensées, ce que je suis est voilé ».

Évidemment, je ne suis pas un ordinateur et, contrairement à ce que beaucoup imaginent, je ne suis en rien une machine si je ne pense pas.

Pour ma part, je serais plutôt enclin à constater que nous sommes en quelque sorte des « machines à penser » qui ne possèdent pas de bouton « arrêt ».

Je serais même tenté d'affirmer que les pensées surviennent, à notre corps défendant. Non seulement nous n'y sommes pas pour grand chose et probablement même pour rien, mais de plus, nous n'avons guère le pouvoir de les arrêter, même lorsque nous le désirons.

Mais j'en suis conscient !

Oui, en effet, répétons-le : je suis, avant toute pensée, pendant toute pensée et après toute pensée.

Le cerveau pense ou plutôt perçoit des pensées, et même si je suis – du verbe suivre – mes pensées très souvent, je ne suis pas – du verbe être – mes pensées, quelles qu'elles soient. Idem pour mes sensations ou mes perceptions. Le corps perçoit et ressent. C'est sa fonction. Impossible de cesser de ressentir.

Nous pouvons ne plus être attentifs à un bruit persistant, mais lorsqu'il s'arrête, que se passe-t-il ? Nous ressentons un soulagement et un relâchement. Le stress lié à ce tohu-bohu était constamment présent. Autrement dit, même si nous ne prêtons plus attention au tintamarre environnant, il est clair que l'organisme continue de l'entendre.

La fonction du mental est de penser ou plutôt d'être un organe de perception des pensées, et il ne peut cesser de fonctionner, tout comme le cœur ne peut cesser de battre. C'est naturel et automatique.

Un mental fort rend souvent plus difficile la simplicité nécessaire pour réaliser ce que nous sommes, sans artifice : Cela.

Nous avons l'habitude d'associer la pensée et la conscience. En fait, avant d'être ceci ou cela, nous sommes conscience, avec ou sans pensée. Les pensées, les sensations, les perceptions, les émotions, la mémoire apparaissent *au sein* de la conscience.

Je ne suis pas un être pensant. Je suis. Avant toute définition et en dehors de toute définition.

Rappelez-vous tous vos instants de bonheur, ravivez le souvenir des expériences proposées ci-dessus, et constatez-le : la conscience d'être se dévoile dans chaque instant de bien-être, même s'ils ne sont pas totalement conscients.

Étrange n'est-ce pas ? La conscience semble ne pas être toujours consciente d'être conscience. Elle se drape d'un voile dès qu'elle s'oriente vers les « objets des sens » – tout ce qui est perçu – et s'y identifie.

Et bien sûr, toutes les pensées – et même la conscience d'être, comme nous le verrons plus tard – sont des « objets » qui apparaissent au sein de la conscience.

Vous pouvez d'ailleurs revenir à l'exercice précédent. Oubliez un instant votre mémoire à propos du corps et de ses limites. Et contentez-vous, les yeux fermés, de ressentir l'ensemble de vos sensations corporelles. Elles apparaissent en vous, au sein d'un « espace de conscience ». Et si une pensée surgit ? N'apparaît-elle pas elle aussi au sein de ce même espace ?

La conscience est. Avec ou sans objet. Tous les objets apparaissent en elle. Elle se reflète en eux.

Permettez-moi d'insister :

La conscience est. Avec ou sans objet. Tous les objets apparaissent en elle. Elle se reflète en eux.

Laissez-vous seulement imbiber par ces mots, sentir en vous, « réaliser », hors de toute mentalisation :

La conscience est. Avec ou sans objet. Tous les objets apparaissent en elle. Elle se reflète en eux.

Que se passe-t-il si vous laissez simplement résonner ces mots en vous ?

Prenez le temps de le remarquer, voulez-vous ?

*
* *

Avez-vous pris ce temps ?

Alors j'ajoute : vide d'objet…

Les mots manquent. Ils ne sont jamais que des panneaux indicateurs et ne reflètent que très imparfaitement la réalité qu'ils prétendent décrire. Comment dire ?

Quelques formules approchantes : vide d'objet, la conscience est contemplation pure ; vide d'objet, y compris de l'objet appelé « vide », ou « absence d'objet », la conscience « est ». Présence en est un synonyme. Certains parlent de Conscience-Présence…

Ne me demandez pas d'expliquer ces formulations. Et n'essayez pas de les comprendre. Revenez à cette conscience d'être dont je parle constamment, et relisez les phrases ci-dessus. Seul « je suis » peut le reconnaître, pas le mental. Encore une fois, n'essayez même pas de comprendre ! Vous ne le pouvez pas. Ces mots font écho en vous, ou non. Si oui, vous pouvez tenter de transcrire avec vos propres mots l'impression qu'ils produisent, ce rappel de Cela à Lui-même. Sinon, ne vous y attachez pas, vous n'y pouvez rien. Et ne désespérez pas pour autant : l'intégration se fera en son temps.

Et si vous ne comprenez rien à ces derniers paragraphes, ne vous en souciez pas, cela n'a au fond aucune importance.

En effet, il n'est pas nécessaire de « comprendre intérieurement », de « voir avec le cœur » ce que je viens de dire, pour Être.

De plus, votre valeur n'a rien à voir avec tout cela, elle est intrinsèque.

Le regard

Que ressentez-vous maintenant ?

Et vis-à-vis de ces premiers chapitres, que ressentez-vous ?

Une interrogation, un frémissement, un étonnement ?

Quoi d'autre ?

Et quelles sont vos pensées ?

Quoi que ce soit, je vous invite maintenant à le regarder.

D'une manière à la fois libre et totalement engagée.

Libre comme on regarde tout et n'importe quoi, sans implication personnelle particulière.

Totalement engagé comme lorsque nous sommes pleinement concernés.

Libre parce qu'il ne s'agit pas de ce que je suis mais seulement de ce qui arrive.

Totalement engagé car c'est « en moi » que cela se produit.

Portez un regard aussi attentif que possible sur vos sensations, vos perceptions et vos émotions.

Maintenant.

Et sans contraction.

Restez aussi détendu que possible.

« Tiens, telle sensation se présente à tel endroit du corps ». « Tiens, telle émotion est ressentie... ». Ne cherchez pas à être précis dans votre description. Si vous n'avez pas les mots pour le dire, ce n'est pas grave. Contentez-vous de constater.

Puis découvrez les pensées associées à l'état ressenti maintenant.

Peut-être cet état a-t-il déjà changé depuis que je vous propose de regarder ? Alors ne retenez pas ce qui appartient déjà au passé. Découvrez ce qui se présente *maintenant*.

Et revenez aux pensées présentes, *maintenant*.

Peut-être ne les avez-vous même pas remarquées. Cela arrive souvent. Les pensées et les associations d'idées sont souvent inconscientes.

Si l'on est vraiment en contact avec les sensations ou les perceptions, sans aucune interprétation, il n'y a pas de pensée. Seule demeure la conscience d'être.

Dans presque tous les autres cas, des pensées sont présentes, conscientes ou inconscientes.

Et c'est l'un des intérêts du regard. Les dévoiler, les rencontrer… et sentir naître de plus en plus souvent un sourire doux, tranquille, plus ou moins amusé, et aimant.

*

* *

Attardons-nous sur le domaine relationnel. Il s'y joue tellement de choses qu'il mérite une attention et un regard tout particuliers.

Avez-vous remarqué que, lorsque nous rencontrons quelqu'un pour la première fois, dès la première seconde, un ensemble incroyable de sensations, de perceptions, d'impressions, d'interprétations et de pensées apparaissent ? Si nous tentons de les mettre en mots, il nous faudra probablement plusieurs minutes. Et nous en aurons oublié plus de la moitié tant tout cela est rapide et fugace. Sans compter toutes celles qui sont restées préconscientes voire inconscientes !

Tout cela apparaît d'un coup, en une ou quelques fractions de seconde, et disparaît presque aussi rapidement, ne laissant qu'une impression globale qui va conditionner notre relation avec cette personne.

Face à tout ce qui est nouveau – une rencontre, la découverte d'un lieu, une expérience nouvelle, etc. – je vous propose de faire un « arrêt sur image ». Imprimez au maximum ce qui se passe alors.

Rien de particulier ne se produit actuellement ? Alors créez une situation nouvelle. Par exemple, sortez et aller dire bonjour, droit dans les yeux, au premier inconnu que vous rencontrez.

Dans ce cas, regardez aussi tout ce qui se passe en vous entre maintenant et le moment où vous commencez à relater ce que vous avez vécu. Vous êtes-vous effectivement adressé au premier inconnu aperçu sans aucune réticence ou avez-vous quelque peu choisi telle ou telle personne ? Si oui, pour quelles raisons ? Sinon, étiez-vous pleinement en contact avec votre ressenti corporel ?

Et restez attentif pendant que vous l'exprimez pour vous-même. Mettez des mots sur votre expérience, voulez-vous ?

Au passage, notez que ceux-ci sont souvent difficiles à trouver. La pensée, les impressions sont non verbales. Et bien plus rapides.

Nous pouvons ainsi constater que, le plus souvent, nous projetons immédiatement, en parfaite innocence, sur tout « objet » que nous croisons sur notre route – personne ou objet matériel – des « qualités » et des « défauts » qui vont conditionner notre rapport à cet objet.

Autrement dit, nous *fantasmons* un résultat : plus de bonheur, plus de plaisir... ou le contraire.

Ne nous est-il pas déjà arrivé d'acheter quelque chose ou de nous rapprocher de quelqu'un et de le regretter ensuite ? Ne nous est-il pas aussi arrivé de méjuger quelqu'un ou quelque objet ?

N'avons-nous jamais pensé ou entendu dire : « il (ou elle) est merveilleux(se) » pour entendre quelques semaines ou mois plus tard : « il ou elle n'est pas tel(le) que j'avais cru qu'il (ou elle) était » ?

C'est que le fantasme ne correspondait pas à la réalité.

Ainsi, si l'on y regarde de près, nous nous apercevons qu'au niveau relationnel nous suivons le plus souvent et sans nous en rendre compte des schémas préétablis, conditionnés, automatiques...

Nous avons par exemple tendance à penser que telle attitude signe l'amour que l'autre nous porte, et telle autre attitude le manque d'amour. Tant que tout se déroule selon notre « programme », tout se passe bien. Sinon, surgissent le désir de l'attitude « aimée », l'impression d'insécurité, la frustration, la peur, etc.

Nous remettons rarement en cause les attitudes que nous attendons de nos proches. Cependant, si nous en prenons le temps, nous découvrons que ce qu'attend l'un n'est pas obligatoirement ce qu'attend l'autre, et que les preuves d'amour données par l'un ne sont pas forcément reçues comme telles par l'autre.

Tout simplement parce que nous nous sommes construits différemment. Autre éducation, autres conditionnements, autres attentes, autres espoirs, autres codes...

Il est bien rare que nous arrivions à prendre du recul vis-à-vis de tout cela. Si l'on y regarde de près, ce ne sont pourtant que des habitudes comportementales, des « jeux » dans le mécanisme de l'être. Nous les croyons vrais, et c'est tout le problème. Mais ils ne reflètent pas qui nous sommes. Conscients, ils peuvent être amusants. Inconscients, ils tournent souvent au drame et sont source de bien des désagréments et de bien des désillusions.

En réalité, même si ce n'est pas évident de le voir, ce que vous êtes n'a besoin de rien. Nul besoin de sécurité, d'amour, ou de quoi que ce soit d'autre.

Ce que vous êtes. Avec rien derrière pour le définir.
Ce que vous êtes et qui n'est ni une femme ou un homme, ni un mari ou une épouse, ni une mère, un père ou un enfant, ni un chômeur, un ouvrier ou un PDG, etc.

Pour en prendre conscience, il est nécessaire de revenir à la conscience d'être « je suis ». Prenons une nouvelle fois le temps de ressentir l'espace, le silence, ou simplement le fait d'exister. Ne constatons-nous pas alors que cette conscience d'être est simplement tranquille et sans besoin ? Ce que nous sommes, ce que sont les autres ; avec ou sans conditionnements, avec ou sans attentes, et peut-être même sans les mots pour le dire. En « je suis » nous ne sommes pas ceci ou cela, Nous Sommes. Simplement.
D'ailleurs, lorsque nous ne faisons pas appel à la mémoire, n'est-il pas évident que la conscience d'être n'est ni sexuée, ni conditionnée ?

Tant que nous ne voyons pas tous ces mécanismes pour ce qu'ils sont : des conditionnements, des jeux – qu'ils soient fonctionnels ou non – nous ne pouvons pas en être libre. Nous restons identifiés à une « image » de ce que nous sommes, un reflet dans le miroir appelé « moi ». Et nous continuons à souffrir, bien inutilement.

Je le répète, porter le regard sur tout cela nous libère de cette idée fausse de nous-mêmes appelée « moi », un moi qui se vit séparé. Dès que l'identification est défaite, ces « jeux », ces « mécanismes » deviennent de plus en plus source d'amusement, nous sommes libres de ce qui apparaît sur l'écran de la conscience.
C'est comme « prendre refuge » *en soi*, en l'être que nous sommes, en « je suis ».

Toute identification est telle une contraction.
Toute « désidentification » s'accompagne du relâchement de la tension qui lui est associée et nous ramène

de manière automatique à notre état naturel. Comme un élastique qui se détend. Il ne fait rien pour cela : il retrouve son état naturel dès que nous cessons de l'étirer.

On parle de « lâcher prise », « d'abandon ». En réalité, nous ne lâchons jamais prise, nous ne nous abandonnons jamais. Une prise de conscience se fait, souvent grâce à la magie du regard posé sur les événements, et le lâcher prise, l'abandon, se produisent.

Nous recherchons tous le bonheur, le sentiment d'unité… Et nous commettons l'erreur de le rechercher « au dehors », au travers d'expériences, d'acquisitions personnelles ou matérielles. Nous étirons ainsi l'élastique, encore et encore et, de ce fait, nous nous éloignons – en apparence seulement, puisque nous ne pouvons pas être séparés de ce que nous sommes – de ce qui est, de ce que nous sommes en réalité : le bonheur même, ou toute autre « qualité » habituellement attribuée à ce que l'on appelle Dieu ou Ce qui Est tels la paix, l'unité, la sérénité, la tranquillité, la joie, l'amour, etc.

Oui, nous sommes le bonheur. De même, nous sommes l'amour, la paix, la joie douce, la quiétude… Sans objet. Et sans contraire. Avant l'apparition de tout objet et de toute dualité. Les mots manquent pour le dire. Il ne s'agit pas d'un état qui se situerait en amont dans le temps, mais hors du temps, c'est pourquoi l'on parle d'un non état : immuable, préexistant, définitif, non changeant…

Cependant ne l'oublions pas : croire sur parole ou rejeter ces lignes ne nous apportera rien.

Par contre, réaliser que nous sommes Cela nous apportera très exactement ce que nous avons toujours recherché, souvent sans le savoir.

Comment le réaliser ?

C'est quoi, moi ?

Comme nous l'avons déjà dit, tous nos problèmes découlent du sentiment de séparation. Et bien que ce sentiment soit très tenace, il s'appuie sur une illusion : le sens de « moi » en tant qu'individu séparé.

En réalité, tout est sans cesse relié. Rien ne peut « arriver », « se passer », séparé de la totalité.

Nos attitudes ont une action sur notre entourage ; un nuage ne peut apparaître sans eau qui s'évapore ; la vie sur terre nécessite le soleil, et vous ne pouvez manger quotidiennement sans le travail de multiples personnes – sans compter celui de la nature – et ainsi de suite, à l'infini. Certains estiment même qu'un battement d'ailes de papillon peut créer une tornade à des milliers de kilomètres de là.

Nous savons aussi qu'en l'absence de ce sentiment de séparation, nous nous sentons tranquille, « en bonheur ». Ce bonheur préexiste au sentiment de séparation et lui fait suite ; il est simplement voilé tant que dure l'illusion de la séparation.

Et cependant cette illusion perdure !

Nous y sommes habitués et lui prêtons foi. D'ailleurs, beaucoup affirmeront avec raison : « Mais enfin, c'est évident que nous sommes séparés les uns des autres ! Je ne suis pas toi et tu n'es pas moi que je sache ! ».

Disons-le autrement : en tant qu'individu, nous sommes différents, uniques, séparés ET, en réalité, nous sommes. Et ce que nous sommes préexiste – en fait : « pré-est » – à toute séparation, à tout individu.

À chaque fois que nous nous pensons ou nous sentons séparés, nous sommes hypnotisés par « moi », et oublions que « je suis ». Toujours.

Je ne suis pas en train de dire qu'il faut nier l'individu et refuser toute idée de séparation sous prétexte qu'elle n'est pas définitivement réelle. Je propose de regarder un fait. Et de l'accueillir autant que faire se peut. Aujourd'hui, vous pouvez sans doute affirmer : je me vis séparé, en tant qu'individu « moi », existant dans le monde à tel endroit et agissant de telle et telle manière. C'est ma réalité en ce moment. ET je sais que je suis, et qu'en tant que « je suis », je ne remarque pas de séparation. Ou mieux dit, peut-être : en tant que « je suis », il n'y a personne qui puisse avoir une pensée de « séparation ».

Nous touchons là un point essentiel : en tant que « je suis », il n'y a pas « quelqu'un ». Bien sûr, la multiplicité des formes existentielles demeure et je continuerai à contourner les arbres, mais en l'absence d'un « quelqu'un », d'un « moi », aucune idée ni aucun sentiment de séparation, d'un « moi » ici et d'un « toi » là-bas tout autre et plus ou moins apeurant, ne peuvent apparaître.

Autrement dit, « moi », en tant qu'individu séparé, n'*est* pas, même s'il *existe* bel et bien. « Moi » est une pensée qui n'est pas vue pour ce qu'elle est : une simple pensée qui apparaît à partir de rien et à laquelle nous croyons par habitude, par conditionnement, etc. Et qui disparaît à certains moments, par exemple la nuit ou lors d'états de bien-être tranquille. Ou alors « moi » est une sensation étiquetée « moi », créant un sens de « moi ».

Mais au sein de quoi cet apparent « moi » apparaît-il et disparaît-il ? Qu'est-ce qui perdure, avec ou sans « moi » ?

Lors du sommeil profond, disais-je, le moi disparaît, je ne me souviens pas d'exister, je ne suis plus conscient de « moi ».

Conscient de « moi ». Ainsi, la conscience est consciente de « moi », elle peut le regarder. Donc elle le précède. Par conséquent je suis plus « conscience » que « moi »...

Mais où se situe la conscience ? De quoi est-elle faite ?

En réalité, nous avons adopté des croyances et des habitudes que nous ne remettons pas en cause, et ce d'autant moins qu'elles sont partagées par tous, ou presque. Mais qu'en est-il réellement ? Si nous acceptons de laisser de côté tout ce que nous pensons à propos de la conscience, que constatons-nous ?

Nous avons l'habitude de penser qu'elle se situe dans le corps. Mais si nous « oublions » la mémoire que nous avons de notre corps, comme dans l'un des exercices précédents, nous constatons que nous avons des perceptions et des sensations, ici et là, non organisées en tant que corps et que le corps est une mémoire, surtout visuelle. Alors peut-être la conscience n'est-elle pas localisée dans le corps, ou plus exactement limitée par le corps, ni même limitée au corps ?

En tant que « je suis », je suis conscience, non limitée, non séparée. Des sensations, des perceptions, des pensées… naissent *en* « je suis ». Oui, *en* « je suis », *en* « ce que je suis ». On pourrait même dire : en « moi » en tant que « je suis ».

Car, nous l'avons vu, je suis « je suis », cette conscience d'être, bien plus que « moi » tel que nous le concevons couramment, ce « moi » qui se vit « individu séparé », ce « moi » auquel nous sommes habituellement identifiés.

Mais répétons-nous :

En tant que « je suis », je suis conscience, non limitée, non séparée… De plus, en réalité, je suis bien plus « moi-je suis » que « moi-individu séparé ».

Je suis « je suis », conscience d'être, non limitée, non séparée…

Je vous invite à prendre le temps de le ressentir, d'être avec[8].

Que se passe-t-il alors ?

Le regard ne se fait-il pas plus large, plus ouvert, plus détendu ? « Je » ne disparaît pas ! « Je » demeure, mais en tant que présence, en tant que conscience.

Est-ce plus clair ?

Certaines questions se posent alors.

« Si tout cela est vrai, pourquoi est-ce que je ne le ressens pas en permanence ? »

Ou encore : « Quel est le processus qui me fait passer d'un état à l'autre : de 'je suis', à 'je suis ceci et cela dans le monde, un individu séparé' ? »

Seule l'attention va nous le révéler.

À un moment donné, une pensée appelée « pensée 'moi' » apparaît et nous sommes happés par cette pensée, comme aspirés en « moi ». Il y a identification, amalgame de « je suis » et de la pensée « moi ». Alors « l'histoire » commence, celle de « moi ». Avec elle, une tension. Avec elle, le désir, le vouloir, la peur et tout ce qui fait notre vie quotidienne.

Puis un relâchement se produit. Entendez : « je suis » et la pensée « moi » cessent d'être collés ensemble. Alors « je suis » est à nouveau ressenti, libre, ouvert, tranquille. Et ainsi de suite.

On pourrait dire que le mécanisme décrit ci-dessus est inconscient. Et il l'est du point de vue du moi ! Et pour cause : ce que l'on appelle « moi » n'est pas présent au moment de ce processus, il apparaît avec lui et disparaît

---

8. Expression souvent reprise par Thierry Vissac dont on peut lire *Traversée, trois étapes clés pour une libération* aux Éditions La parole vivante.

avec le relâchement. Mais tout ceci peut être constaté. La conscience que j'en ai préexiste donc, et c'est là le point important.

En fait, on peut aussi constater que la conscience semble disparaître avec le sommeil ou ce qu'on appelle « les pertes de conscience ». Ce qui peut faire suggérer qu'elle est intermittente. Et d'un certain point de vue, impossible de le nier ! Mais si la conscience disparaît avec le sommeil, comment se fait-il que nous sachions qui nous sommes au matin ? Comment sait-on que l'on a bien dormi ? Il faut bien que quelque chose perdure.

D'ailleurs, il arrive souvent que nous intégrions un événement inhabituel à nos rêves, ou que nous soyons réveillés pas un bruit insolite. La conscience demeure donc. Mais généralement pas la mémoire.

En fait, tout se passe comme s'il y avait deux consciences : l'une, conscience de... ; l'autre, simplement conscience. La conscience de... semble apparaître et disparaître. Et je ne suis donc pas toujours conscient du fait d'être, ni même conscient d'être conscient.

Lorsque nous regardons tout cela de près, nous nous rendons compte que la conscience possède la faculté d'être orientée vers des objets et d'en oublier le reste. De même que, captivés par une musique, un objet ou un film, nous en oublions ce qui les entoure. Mais que serait le sourire de la Joconde sans le reste du tableau ?

La conscience est soit fixée sur un objet, et semble s'oublier en tant que conscience pure ; soit non fixée sur quelque objet que ce soit. Elle n'est alors ni consciente d'elle-même ni inconsciente d'elle-même. Cependant elle ne peut s'oublier, elle ne peut pas ne pas se connaître ; elle se sait être, sans les mots pour le dire, hors de toute perception ou de toute sensation qui, toutes deux, nécessitent un corps pour exister. On parle « d'aperception ». Elle est connue, « en soi », de fait, d'une façon non sensible et qui cependant crée une sensation difficile à définir.

En tant que « je suis », la conscience ne semble être fixée sur rien de précis. Il y a relâchement certain. Mais pas total. En fait, elle est « collée » à « je suis », à la conscience d'être. C'est pourquoi « je suis » apparaît et disparaît. Il est lui aussi contenu par la conscience. Ou plus exactement, il apparaît en elle.

Qu'est-ce qui est toujours là, avec ou sans « moi », avec ou sans « je suis », avec ou sans objet à regarder ?

Tout ce que je dis peut être constaté.

Je constate mes pensées, mes perceptions, mes sensations, la présence de mon corps ou de mes émotions. Je constate la conscience d'être « je suis », le sentiment de séparation, etc. Je constate aussi l'absence de la pensée « moi », l'absence de la perception « je suis »...

Mais je ne peux pas être ce que je constate, ce dont je suis conscient !

Cela qui constate ce qui arrive – peur, tristesse, enthousiasme ou quoi que ce soit d'autre – n'est pas affecté par ce qui arrive.

Qu'est-ce que je ne constate pas, que je ne peux constater et qui constate tout cela, y compris « je suis » ? Cela seul, je suis. Je ne peux rien être d'autre. Mais comment le nommer ? Comment pourrait-on réellement nommer de son nom véritable ce qui ne peut être constaté, mais « pré-est » à tout ce qui est constaté et donc au corps, aux pensées, à la conscience d'être ?

Présentons-le autrement : Je ressens, perçois, pense... J'en suis conscient. Je suis conscient d'être conscient. Qu'est-ce qui est conscient du fait que je suis conscient d'être conscient ? Impossible de s'en saisir, n'est-ce pas ? Une impression fugitive, une « aperception ».

Aucun nom ne peut le représenter, le nommer, le décrire. Nous n'en connaissons que le parfum. Et comme nous désirons partager, nous le nommons imparfaitement : conscience, présence, ou par toute autre approximation. Personnellement, j'aime bien « Cela », ou « Ce qui Est », ou « Cela qui seul Est ».

Et fait étrange, Cela que l'on nomme aussi « Je », le Tao, Dieu, etc. se manifeste en tant que « je suis » (conscience d'être et non séparation existentielle).

Puis en tant que « moi » (sentiment de séparation)...

Et lorsque tout ceci est Réalisé, un éclat de rire amusé nous saisit : je me suis trompé, j'ai été pris au piège de « l'illusion », de l'impermanence ; tout ceci est en vérité un jeu.

Les hindous parlent des « leelas » du Seigneur. De ses jeux. Jouer, se régaler de l'apparition des choses, des expériences et de leur renouvellement à l'infini, n'est-ce pas notre nature ?

Mais que dire de la souffrance alors ?

La souffrance, une illusion bien réelle !

Précisons tout d'abord qu'il ne s'agit nullement de nier l'évidence de la souffrance, non plus que de refuser de s'en préoccuper.

Il est question de porter un regard complémentaire, radicalement différent et porteur de soulagement.

Mais tout d'abord, distinguons la douleur de la souffrance.

Un moustique me pique ou je me coupe, cela fait mal. Il s'agit d'une douleur. Elle est physiologique.

Par contre, tout ce qui se passe autour de la douleur, comme tout ce que je me dis plus ou moins consciemment à propos de ce qui arrive, vient très vite créer de toutes pièces un malaise voire une souffrance existentielle. Dans le cadre de ce livre et afin de simplifier, nous appellerons cela « souffrance » et nous y engloberons tout malaise, mal-être, gêne, désagrément, etc. dès lors qu'il ne s'agit pas d'une douleur physique. Et nous appellerons « douleur » tout ce qui est purement à base de sensation physique désagréable, quelle que soit son intensité.

Cette distinction étant faite, portons le regard sur la souffrance, quelles que soient ses caractéristiques.

Nous souffrons tous un jour ou l'autre. Cependant, si cette souffrance est existentiellement belle et bien réelle, elle est non réelle d'un point de vue « essentiel ».

Autrement dit : tout mal-être, toute gêne, toute souffrance existe mais n'est pas. Il s'agit toujours d'un jeu – pas drôle pour le « moi », il est vrai – au sein de la conscience.

Certains peuvent se dire :

« Comment peut-on affirmer une chose pareille ?! Je sais bien que je souffre et que c'est réel ! Et que dire des gens torturés ou qui meurent de faim ? »

OUI, trois fois OUI. Nous souffrons, et cette souffrance est difficile à vivre, et nous continuerons à y réagir et à faire ce que nous pourrons pour qu'elle cesse et ne se reproduise pas.

ET cependant :

D'un point de vue essentiel, elle n'est pas définitivement réelle. L'une des preuves ? Elle n'est pas constante. Comme je l'ai expliqué plus haut, n'est définitivement réel que ce qui ne change jamais et « pré-est » à toute existence, donc à toute possibilité de l'expérimenter ou de le constater. Mais il y a beaucoup plus, comme nous le verrons plus loin.

Souvenez-vous d'un jour où vous vous êtes senti blessé. Un événement s'est produit. Que vous êtes-vous dit alors ? Quelles pensées avez-vous eues ?

Il ne peut y avoir souffrance sans pensée.

Permettez-moi de le répéter : il ne peut y avoir de souffrance, de mal-être, de gêne, d'insatisfaction... sans pensée. Toute souffrance est liée à une ou des pensées.

Mais il y a plus ! La pensée, en elle-même, n'y est pour rien.

Il ne peut y avoir de souffrance sans la *croyance* en une ou des pensées.

Parce qu'en fait, même la pensée est sans effet tant que nous n'y croyons pas.

Revenons à la blessure personnelle. Nous sommes blessés. Pourquoi ? Parce que nous pensons, et nous en avons même la certitude : untel nous veut du mal ou s'est mal comporté, ou... Découvrez pour vous-même la ou les pensée(s) associée(s) à cette blessure.

Si vous y regardez de près, vous vous apercevez que l'événement est parfois totalement neutre en lui-même : si la même chose s'était produite dans un autre contexte avec la même personne, ou avec d'autres personnes, vous n'auriez pas été blessé.

Maintenant, imaginez un instant : les mêmes faits se produisent, mais vous ne pouvez pas penser ce que vous avez pensé alors. Prenez vraiment le temps de considérer cela de près, voulez-vous ?

Vous ne pouvez pas penser ce que vous avez pensé alors...

Plus de souffrance, n'est-ce pas ?

Et il y a plus : les mêmes faits se produisent, les mêmes pensées surviennent, mais vous ne croyez pas une seconde à ces pensées. Vous savez qu'elles sont erronées, une interprétation fausse de la réalité ; ou simplement des pensées sans importance.

Prenez là encore le temps de bien le remarquer...

Pas de souffrance non plus.

« Oui, mais enfin, c'est évident, s'il agit de telle manière, c'est parce que... Et puis je le connais ! », pourrait-on s'exclamer.

Mais est-il absolument certain que nous connaissions cette personne si bien que cela ? Sans aucun risque d'erreur ? Sans compter qu'elle a pu changer au cours des dernières heures : les prises de conscience et leurs effets sont généralement instantanés.

Et puis pouvons-nous affirmer, sans l'ombre d'un doute, que notre interprétation, nos pensées à propos de cette blessure sont exactes à 100 % ? Et j'insiste, je parle bien de 100 %.[9]

---

9. La plupart des auteurs insistent sur ce point. Byron Katie a développé un processus fondé sur quatre questions qui permettent de vérifier la véracité de nos pensées, qui conditionnent toujours

Parce que s'il subsiste le moindre doute, alors il est possible que nous nous trompions.

Et même si la probabilité d'une erreur n'est que de 0,1 %, êtes-vous prêts à souffrir simplement parce que vous préférez croire en vos pensées plutôt que de laisser planer le doute et d'avouer : « Au fond, je ne sais pas » ?

Bien sûr, nous ne voulons pas et même souvent, nous ne pouvons pas lâcher notre interprétation des faits. Et nous considérons qu'elle exprime LA vérité.

C'est que notre vision des choses nous donne de la consistance ! Plus ou moins consciemment, nous avons l'impression d'exister, de savoir qui nous sommes et ce que nous valons...

Nous protéger, asseoir l'idée que nous avons de nous-mêmes et des autres, nous forger un « moi » solide... Que de « raisons » qui paraissent bonnes au « moi » !

Mais en retirons-nous réellement un avantage ?

De fait, nous accrocher à notre interprétation des événements ne nous protège pas.

Observez-le pour vous-même et pour les membres de votre entourage, voulez-vous ?

Par contre, en agissant de la sorte, il est certain que nous renforçons notre idée des autres, du monde et de nous-mêmes.

Mais est-ce bénéfique ?

Là encore, vérifiez-le pour vous-même et vos proches. Ces idées nous emprisonnent. Nous y perdons liberté et fluidité, sourire tranquille et sérénité.

---

notre vécu. Le lecteur désireux d'approfondir cette question lira avec intérêt *J'ai besoin que tu m'aimes, est-ce vrai ?* aux Éditions Guy Trédaniel ou *Aimer ce qui est* aux Éditions Ariane.

Alors à quoi bon ? Nous avons appris à nous défendre, presque de façon automatique. Et la mécanique fonctionne bien !

Nous avons désappris l'accueil simple que connaît tout un chacun, en soi, en particulier les enfants.

Tout jugement nous enferme, nous conditionne, nous réduit, nous éloigne de l'accueil et de nous-mêmes. Au fil des ans, dès la plus tendre enfance, nous avons appris à résister, à composer, à refuser... Sans succès !

Mais pensant, plus ou moins inconsciemment, que c'était parce que nous nous y prenions mal, nous n'avons pas cessé de nous défendre, nous nous sommes même défendus de plus en plus !

Toujours est-il que je vous invite aujourd'hui à effectuer un retournement à 180°.

Revenez à « je suis » et portez le regard sur ce qui vous cause une quelconque gêne, même minime. Restez simplement avec. Oui, il y insatisfaction. Oui, cela provoque des sensations corporelles étiquetées « désagréables ».

Cessez de chercher la cause de votre trouble. Autant au dehors de vous qu'en vous. Ne cherchez pas de responsable.

Acceptez-vous d'agir ainsi le temps de faire cette expérience ?

Et si vous ne pouvez vous empêcher d'accuser quelqu'un ou la vie, alors restez avec ce sentiment de victime. Portez votre regard sur lui, en toute amitié.

Cela peut paraître stupide : comment être ami avec ce qui nous fait souffrir ? Alors faites de votre mieux.

Ce que je cherche à souligner, c'est que « je suis », la conscience d'être, ne juge pas. Comme les exercices précédents l'ont démontré, elle est accueil et n'est pas affectée par ce qui se passe.

Alors si vous prenez refuge en « je suis », le « miracle » peut se produire : tout à coup, ce qui vous dérangeait ou vous faisait souffrir la seconde précédente s'avère sans prise, sans valeur, sans réalité. Oui, c'est possible, pour chacun de nous à cette seconde précise.

Souvenez-vous, Cela est notre nature.

« Impossible de ne pas souffrir », est aussi une croyance à laquelle nous pouvons ne plus donner de poids.

Nos croyances, nos pensées sont la source de toute souffrance, surtout si nous leur donnons le poids d'y croire. Sinon, elles n'ont aucun pouvoir.

Autrement dit, nous donnons aux pensées qui, au passage, apparaissent on ne sait d'où ni comment, le pouvoir de nous rendre heureux ou malheureux.

Cela vous convient-il ? Désirez-vous rester dans cette prison forgée par la croyance en des pensées ? Et si oui, pourquoi ? Au nom de l'adaptation au monde dans lequel vous vivez ? Par adaptation, par habitude, par conditionnement, par plaisir, par jeu ?

C'est une réelle question.

Je vous invite à prendre le temps d'y répondre en votre for intérieur.

Pour qu'il y ait désagrément, il faut qu'il y ait refus. Et c'est le refus qui est le fondement de nos troubles. Et rien d'autre. Encore une fois, je vous invite à le vérifier à partir de votre vécu personnel.

Et comme nous venons de le voir, l'accueil est la clé.

Or, vous êtes accueil.

Voyons cela de plus près.

Accueillir, oui… Mais jusqu'où ?

No limit !

« Pardonne jusqu'à 77 fois 7 fois » est-il écrit dans la *Bible.*

Accueillir tout autant.

Mais surtout, ne pas faire de l'accueil – ou du pardon – une obligation ! Accueillir même le non accueil. Même l'incapacité à pardonner.

Accueillir tout.

Comme on accueille la présence d'un arbre dans une forêt.

C'est bien ainsi que cela est.

Et qu'y a-t-il à y redire ?

Qui songerait même à y redire ?

Nous pouvons cependant distinguer, de façon pédagogique, différents degrés d'accueil.

Le premier est l'acceptation.

Ce qui est, est, et c'est bien ainsi que cela est.

Une lapalissade souvent oubliée, n'est-ce pas !? Combien de fois lutte-t-on contre ce qui se présente ? Comme si cela devait ne pas être ! Rien que de très habituel ? Oui, parfaitement exact.

Mais sain et naturel ? Pas vraiment.

Regardez les animaux. Leur arrive-t-il de penser que ce qui se produit ne devrait pas être ? Sont-ils en lutte contre la vie, contre ce qui est, ce qui arrive ? Même lorsqu'ils défendent leur territoire, l'idée que celui qui l'envahit ne devrait pas se trouver là n'intervient pas. Il s'y trouve et l'animal y réagit. Il s'en va, et l'animal retrouve sa tranquillité. Il n'en fait rien.

Est-ce votre cas ou vous prend-il parfois d'en faire une « histoire » ? « Oui, tu te rends compte de ce qu'il a fait ! Il n'aurait pas dû, quand même, quel sans gêne, quel manque de savoir vivre ! ».

Et quel plaisir – plus ou moins caché – de sentir que nous sommes quelqu'un de bien, de nous donner de l'importance avec cette histoire, de capter l'attention, d'exposer les règles de vie auxquelles nous adhérons, de faire partie du groupe des personnes bien élevées ou qui savent ce qui est bien et ce qui est mal, et ainsi de suite.

S'il vous plaît, ne jugez pas le fait de créer des histoires. Ce ne sont que des moyens d'entrer en contact, de se sécuriser, de rechercher l'attention, l'amour. Pourquoi ne pas en sourire ?

Et puis il en est ainsi, certaines occasions suscitent des histoires. C'est un fait, et personne n'y peut rien ! De plus, l'acceptation de ce qui est tel que c'est est le premier pas vers le changement : nous ne pouvons transformer « bellement » ce que nous n'acceptons pas.

Accepter, c'est simplement constater que « c'est bien ainsi que cela est ». Il pleut aujourd'hui, c'est un fait. Je peux y ajouter une histoire personnelle du style : « Encore ! J'en ai vraiment assez ! » Ou simplement être conscient, présent au fait qu'il pleuve.

Je peux aussi être simplement conscient de la pensée « Encore ! », et y sourire en constatant le « tour » du « moi » qui essaie de se donner de l'importance, de la consistance, en refusant ce qui arrive.[10]

Accueillir, c'est ressentir un « Oui » intérieur, un « Oui » amical de bienvenue. Il pleut ? Oui. Le sourire aux lèvres même si c'est le quarantième jour de pluie incessante.

---

10. Ce thème est particulièrement développé dans *L'origine cachée de nos problèmes et leur solution : la psychologie dynamique* aux Éditions du CRAM

Untel s'est mal comporté ? Oui. Le sourire aux lèvres, même si c'est la soixante-dix septième fois sept fois.

Pourquoi ? Sans pourquoi.

Si les choses se déroulent ainsi, c'est qu'il ne peut en être autrement. Même si nous ne savons pas pourquoi. Même si cela nous dérange. Même si nous désirons autre chose.

La preuve ? Elles se déroulent ainsi. S'il pleut depuis quarante jours, il en est bien ainsi et il n'en est pas autrement. Il ne peut en être autrement.

Si untel agit mal selon nos critères de bien et de mal – convictions qui changent en fonction de l'époque et de nos conditionnements – c'est qu'il ne peut en être autrement.

Ne nous y trompons pas. Il ne s'agit pas de donner un blanc seing à quiconque déciderait de s'abriter derrière ces paroles pour faire tout et n'importe quoi !

Les soufis racontent l'histoire de ce voleur arrêté et amené devant son juge.

Il explique : « Monsieur le Juge, je n'y peux rien si je vole. Ce n'est pas ma faute. Je ne suis pas responsable. Dieu m'a créé voleur, qui puis-je ? ». Souvenez-vous, la *Bible* énonce : « Et Dieu endurcit le cœur de Pharaon afin que Sa gloire soit montrée ».

Et le juge de répondre : « C'est exact. Et je ne suis pour rien dans le fait que Dieu m'ait créé juge. Cependant, en tant que tel, je dois te condamner. Tu recevras donc 50 coups de fouet ».

Je me répète : si untel agit de telle manière, c'est qu'il ne peut en être autrement. S'il pleut, c'est qu'il pleut. Ce sont des faits. La preuve ? Cela arrive.

Difficile à croire pour ce qui concerne les autres ? Alors regardez-vous.

Vous ne cessez d'agir.

Et du mieux que vous pouvez compte tenu des circonstances, n'est-ce pas ?

Prenez le temps de le vérifier.

Et cependant, il vous est même peut-être arrivé une fois ou l'autre d'agir « mal » selon vos propres critères. Pour quelle raison ? Il y en a forcément une ! Vous étiez trop blessé, ou trop apeuré, ou quoi d'autre ?

Alors vous n'avez pas pu ne pas…

Il en est toujours ainsi.

Vous pouvez ensuite vous en vouloir, vous meurtrir, faire amende honorable ou tout oublier le plus vite possible. Vous pouvez même cautionner votre acte au nom de la faute de l'autre. Cela ne change rien. Même à propos de ces réactions vous n'avez pas de choix.

Là encore, je vous invite à le vérifier pour ce qui vous concerne.

Il en est toujours ainsi, pour chacun de nous. C'est pourquoi nous sommes invités à ne jamais jeter la première pierre. Il est SU que les choses ne peuvent être autrement que telles qu'elles sont.

Cependant le monde occidental nous pousse à croire le contraire depuis notre plus jeune âge ! Alors nous finissons par *croire en une pensée autre*, en contradiction avec ce qui est *su en amont de toute pensée.*

Impossible de détailler la somme de conflits intérieurs que cela génère ! Sans compter les jugements de toutes sortes, la culpabilité, les certitudes toutes faites à propos de… Ni les souffrances que cela engendre !

En pure perte.

Ce qui arrive continue de se produire.

Y compris tout ce que je viens de décrire.

Ce qui signifie que la Sagesse accueille le fait que les choses se déroulent ainsi.

Pas de jugement, pas de condamnation, pas de culpabilité ni de culpabilisation : tout cela est on ne peut plus inévitable compte tenu de nos conditionnements et du monde dans lequel nous évoluons.

Mais le regarder, sans refus aucun. Sachant qu'il ne peut en être autrement. Voilà une vraie chance !

Acceptez-vous de prendre le temps de regarder ? De percevoir cette chance et de la saisir ?

Simplement constater que ce qui arrive ne peut pas ne pas arriver. Sans le cautionner.

Le regarder comme nous avons appris à le faire plus haut : être avec les sensations, les émotions, les pensées qui s'agitent en nous alors que nous constatons ces faits.

Il ne peut en résulter qu'une détente, un lâcher prise, une ouverture, un accueil… Celui « d'être avec ».

Une autre qualité de l'accueil.

« Être avec », c'est ce regard sur lequel nous revenons sans cesse. Vous en êtes conscient maintenant, il est accueil, certes. Mais un accueil pleinement habité. Vivant. Engagé.

Vous êtes là, au milieu de la tempête intérieure de vos pensées, de vos émotions, de vos sensations, et vous restez immobile. Tout s'agite, mais l'œil du cyclone est tranquille. L'axe de la roue est immobile.

Mais il y a plus : une autre qualité de l'accueil, un autre regard.

Nous pouvons nous « laisser traverser » par ce qui arrive : toute sensation, toute émotion… est pleinement accueillie ET nous la laissons s'épanouir sans lui résister jusqu'à ce qu'elle occupe la totalité de « notre espace intérieur », sans nous laisser « prendre » ni « emporter » par elle. Alors, le plus souvent, elle ne fait que nous traverser, au sens propre du terme : elle apparaît, se déploie librement, et disparaît. Elle a pleinement vécu sa vie.

Nous pouvons aussi nous « laisser brûler » par ce qui se passe. Intérieurement.

Tout notre être désire agir ou réagir, mais nous savons que c'est inutile voire néfaste. Alors rester là, immobile, centré, présent…

Nous « brûlons », non de désir, mais du désir. Ce qui a pour effet de brûler le désir en tant que réaction à ce qui se passe.

Et puis disons quelques mots du dernier « stade » de l'accueil : « l'évidence du cœur ».

Bien plus rare et pourtant essentielle !

Cette évidence du cœur ne s'explique pas.

Je SAIS simplement, sans l'ombre d'un doute, que ce qui arrive, quoi que ce soit, est bon en soi. En soi. Pas en moi. Pas pour moi. Pas pour untel ou untel. En soi. Peut-être vaudrait-il mieux écrire : en Soi, en Cela, avec une majuscule pour souligner que nous parlons d'essentiel.

Je le sais pour l'avoir vécu. Comme je sais que le feu brûle. Une fois pour toutes.

Au plus profond de nous, il est profondément su que tout est toujours pour le mieux. Que l'intelligence de la Vie est à l'œuvre à chaque instant.

Le mental ne peut le comprendre ni y adhérer.

Il est aussi profondément su que tout ce qui se passe, est dit ou pensé, n'a au fond absolument aucune importance, quoi que cela soit.

Le mental ne peut le comprendre.

Et il n'est pas question de croire ces propos sur parole !

Une simple invitation à laisser la porte ouverte : il est possible qu'il en soit ainsi.

Juste une porte entrebâillée. Un « Peut-être après tout ! Qu'en sais-je ? ».

Par contre, probablement avez-vous pu remarquer, l'une ou l'autre fois, que ce qui semblait au départ être une malchance, un problème, un revers de fortune, s'est avéré en fin de compte être un don du ciel ?

Le plus souvent nous ne percevons pas le cadeau qui nous est offert, masqué par « l'emballage » désagréable qui l'enveloppe. Et nous rejetons le tout… qui ne cesse de se rappeler à nous encore et encore !

Le plus souvent, le cadeau est une simple invitation à regarder ce qui arrive et de « être avec ». Puis-je vous inviter à essayer ?

Et puis parfois nous ne pouvons absolument pas accepter ce qui se passe. Alors accueillir ce refus. Ni comme une tare, ni comme une évidence justifiée par nos pensées. Seulement comme un refus, apparaissant dans la conscience et appelé à y disparaître tôt ou tard : Oui, je n'accepte pas, oui, je refuse ; il en est bien ainsi.

Avez-vous remarqué d'ailleurs que nous finissons par accepter la plupart, sinon tous les événements prétendument « inacceptables » que nous traversons ? Quand, comment ? Nous ne le savons parfois même pas ! Cela se fait.

Et puis n'oublions pas que même ce qui n'est pas accepté est régulièrement « oublié » : dès que nous passons un bon moment ou lorsque nous dormons.

Enfin, ne pas s'inquiéter de tout cela parce qu'en définitive, personne ne choisit réellement d'accueillir ou de refuser ce qui se présente. On pourrait écrire : au pire, nous pouvons accepter de ne pas accepter… Ou pas ! ET cela ne change rien à Ce que Nous Sommes, cela ne change rien à Ce qui Est.

Une fois de plus, prenons le temps d'examiner ces affirmations de plus près.

La question du choix

Nous sommes persuadés de choisir.

Nous faisons de bons choix, et de mauvais. Ceux qui apparaissaient bons s'avèrent parfois désastreux, et vice-versa.

En réalité, non, nous ne choisissons pas. Sinon en apparence.

Sentez-vous une sorte de rébellion à ses paroles ? Si oui, la choisissez-vous ou est-elle plutôt automatique ?

Prenons un exemple. Beaucoup peuvent affirmer : « Mais enfin, je me suis marié(e), j'ai choisi ! »

Mais est-ce si sûr ?

S'il y a bien un domaine où le choix est plus qu'incertain, c'est bien en amour !

D'ailleurs ne dit-on pas que nous « tombons » amoureux ?

Il est vraiment facile de s'apercevoir que nous ne choisissons pas de préférer telle personne à telle autre. Ni aucune de nos préférences : gustatives, musicales ou autres.

« Oui, mais je n'étais pas obligé(e) de me marier ! »

Regardez de près ce qui a motivé votre choix.

L'amour bien sûr, auquel vous ne pouvez rien.

Mais quoi d'autre ?

Le désir de sceller votre union ou d'affirmer votre amour à tous ?

Celui d'avoir des enfants au sein d'un foyer légalement constitué ?

Quoi d'autre ?

Quelles que soient vos motivations, les avez-vous choisies ?

Et votre manière d'y répondre, l'avez-vous choisie ou est-elle conditionnée ?

De même : « J'ai choisi d'avoir des enfants. Avec la contraception moderne, nous avons le choix. »

Oui… et non.

Ne dit-on pas « tomber enceinte » pour bien souligner que l'on n'y est pour rien ?

Par ailleurs, ce n'est pas parce que nous décidons d'avoir un enfant que ce dernier se présente le mois qui suit ; il faut souvent quelques mois.

Enfin et surtout, avez-vous choisi d'avoir un enfant, ou un jour cela s'est-il imposé à vous ? Un peu comme une évidence ?

Peut-être avez-vous planifié cette arrivée des années à l'avance ? « Lorsque nous aurons acquis telle stabilité professionnelle, acheté notre logement… ». Et le jour venu, vous vous réjouissez de mettre votre projet à exécution.

Cependant, avez-vous choisi le niveau de sécurité existentielle que vous désiriez avant de procréer ou celui-ci s'est-il imposé à vous ? Et puis, l'avez-vous respecté ?

« Et mon travail, n'ai-je pas choisi de postuler pour tel ou tel poste ? »

Là encore, regardez de près vos motivations, et vous découvrirez que des conditionnements ou des préférences, sur lesquels vous n'avez aucun libre arbitre, ont toujours présidé à vos choix.

Il est temps de faire une mise au point.

Nous sommes en cours de déconstruction : déconstruction de nos croyances, du sentiment de séparation, du moi.

Et tout ce qui précède vise ce seul but.

Il ne s'agit pas de basculer dans une sorte de nihilisme du style : « Bon j'ai compris, je ne suis qu'un pantin entre les mains de la vie. Je me fiche de tout, et vogue la galère ! »

Non, ce serait bien mal comprendre le message.

Cette attitude ne serait pas une intériorisation, ni un retour à Soi, mais la preuve que le moi continue d'exercer sa tyrannie habituelle !

Cette déconstruction est là pour l'aider à rendre les armes. Pas pour qu'il se contente de changer son fusil d'épaule et, après avoir pensé être tout puissant, s'adonner à l'impuissance.

Dans les deux cas, il survit, et il a atteint son but !

Enchantement et désenchantement sont deux aspects du même combat que le moi mène pour sa survie.

Et de manière ultime, il est de toute façon plus juste de dire : la question du libre arbitre ou de son absence ne peut se poser qu'à un « moi ». En l'absence d'un « moi », la question tombe.[11] Or, « moi » n'est qu'une pensée, qu'une apparence ; il ne fait qu'exister, n'est pas. Si l'on y regarde de près, il ne s'agit que d'un concept, une facilité de langage qui s'habille, par habitude, mimétisme et conditionnement, d'une réalité digne de celle d'un mirage. Car enfin, qu'est-ce que « moi » ? Mais nous y reviendrons en détail.

En attendant, je vous invite à regarder de près cette idée de libre arbitre. Nous avons tendance à penser, dans notre culture occidentale, que nous faisons des choix et que nous en sommes responsables. Ceci est vrai, et incomplet. D'autres peuples ont tendance à penser le contraire, ne l'oublions pas ! Mais nous estimons que nous avons raison et que leur vision est erronée.

Et si nous partagions tous une fraction de la vérité qui transcende ces deux pôles ?

Si nous regardons de près, nous constatons qu'à un moment donné, le choix est fait.

Comment s'est-il fait ? Nous n'en savons rien.

---

11. De plus, « j'ai mon libre arbitre » est une pensée, tout comme « je n'ai pas de libre arbitre ». Et en réalité, si nous nous référons à ce que nous avons développé plus haut, nous n'avons aucune certitude que l'une ou l'autre de ces pensées soit vraie à 100 %, n'est-ce pas ? Alors nous pouvons les déposer toutes les deux.

Nous avons longtemps réfléchi, restant dans l'indécision. Nous en arrivons même parfois à être épuisés par cette torture mentale ! Et avec cet épuisement un lâcher prise se produit. Car en fait, ce n'est pas nous qui lâchons, c'est le – prétendu – « processus mental de choix » qui nous lâche.

À un moment donné, le choix se fait – ou pas. Une sorte d'évidence, un sentiment intérieur, un « Oui » intérieur… Et les conséquences suivent.

Mais attention ! Parfois il est choisi de ne pas choisir ! Une sorte de « Je ne sais pas » paisible : « Le choix se fera lorsqu'il se fera, lorsque ce sera mûr, s'il doit se faire un jour ». Et les conséquences s'ensuivent tout pareil ! Nous retrouvons la paix intérieure, le sourire, la légèreté.

Alors à quoi a bien pu servir tout ce « travail mental » ? J'aurais tendance à dire : « À rien ! ». Mais il s'agit aussi d'un concept. Le choix aurait-il été le même sans lui ? Probablement que oui, mais nous ne pouvons pas le savoir et, en fin de compte, cela n'a guère d'importance car ce qui est arrivé est arrivé.

J'ajoute même, encore une fois : cela devait arriver. Et comment le savons-nous ? Parce que c'est arrivé.

L'accueil demeure la clé.

Pour conclure, je dirai que nous n'avons pas le choix de nous torturer les méninges ou non à propos de ce que nous devons faire. C'est une expérience comme une autre après tout ! Elle est même source d'amusement lorsqu'elle est vue pour ce qu'elle est : un jeu, une facétie de ce petit diable qu'est le mental.

Notons-le : la vérité – intangible, définitive – n'est pas de ce monde. Nous n'aurons donc jamais définitivement raison. La création est éminemment duelle et aucun des pôles d'une dualité ne peut être plus vrai, plus définitivement réel, qu'un autre. Là encore, cela ne s'explique pas. C'est su, au fond.

Et même plus : il est su que la question de la vérité disparaît avec celui qui se la pose, comme celle du libre arbitre.

Et je ne parle pas là de la mort du corps ! Je parle de la réalisation qu'il n'y a pas d'individu séparé. D'ailleurs, la conscience d'être « je suis » se pose-t-elle ces questions ? Non, n'est-ce pas ?

Nous reviendrons plus loin sur ces différents points.

En attendant, si nous y prêtons attention, nous remarquons que l'intelligence de la Vie est bien supérieure à la nôtre.

Regardez tout ce qu'elle a créé : cet univers, sa façon de fonctionner, et tout ce qui l'habite. Spontanément et sans réflexion aucune. Sommes-nous capables d'en faire autant ? De créer la multiplicité de paysages, de fleurs, de plantes, d'animaux, d'humains que la vie a créée ? Même pas le millième !

Et nous venons nous glorifier de notre intelligence « intellectuelle » ! Trop souvent au détriment d'une intelligence « naturelle », « essentielle », sans cause. Et si nous redonnions quelque valeur à cette dernière ?

Une intelligence non réfléchie. Naturelle, spontanée, essentielle… Nous en sommes dotés, et abondamment de plus ! Même si nous n'y prêtons plus guère attention. Ne serait-elle pas plus à même que toute autre approche de résoudre nos difficultés et problèmes de tous ordres ?

Le vide… plein

Arrivé à ce point, peut-être ressentez-vous un certain malaise, quelque chose qui s'apparente à un sentiment de « rien », de vide.

- OK, nous déconstruisons tout. Pas de choix, pas de croyances, pas de possibilité de changement par soi-même, pas de toute puissance… et en plus nous ne sommes pas les victimes de tout cela !

Mais que reste-t-il alors ?

Sur quoi s'appuyer ?

- Sur rien !

- Mais alors tout apparaît vide ! Plus rien n'a de sens, plus rien ne mérite d'être fait ou d'être dit !

- C'est exact.

- C'est vide et désespérant ! Comment remplir ma vie dans ce cas ?

- Voilà qui est intéressant ! Pouvez-vous rester avec ce sentiment ? Le regarder de près ? »

Une confidence.

C'est l'un des derniers bastions du « mental », de cet ensemble de pensées crues qui conditionnent toutes nos souffrances. L'un des derniers remparts à regarder de près avant que ne s'effondre sa tyrannie.

Un secret.

Ce n'est vide que du point de vue d'un prétendu « moi ». En réalité, ceci est seulement vide de pensée. L'apparent « moi » ne peut y séjourner. Il s'y dissout. Alors ce lieu est fuit en permanence.

Le « moi » est une pensée, une sensation, une contraction, une croyance… prise pour réelle. Il n'a pas accès à ce qui est. Seulement à ce qui existe. Et en ce lieu, rien n'existe ! Alors cela lui paraît vide.

Mais si nous prenons le temps de regarder cette impression de vide ainsi que les pensées et les sensations qui gravitent autour, sans oublier la peur… nous nous rendons compte que ce prétendu vide est totalement plein. Oui, totalement plein.

Plein de quoi ? Les mots sont insuffisants.

Nous pourrions dire : de vide. Mais tout aussitôt le mental s'en saisit et affirme : ce n'est pas intéressant !

De toutes les potentialités. Le mental pourra peut-être l'accepter. De plus, c'est parfaitement exact.

D'êtreté, de présence, de conscience ; ou d'absolu… Mais ces mots signifient-il quelque chose pour vous ? Correspondent-ils à un vécu ou ne sont-ils que des concepts ?

Regardez de près ce sentiment de vide et tout ce qui l'accompagne. Découvrez par vous-même la plénitude qui se cache au sein même de cette apparence de vide. Voulez-vous ?

D'une façon générale, nous passons notre temps à fuir ce sentiment de vide par tous les moyens. Nous l'évitons tellement que nous pensons avoir une vie bien remplie et parfois même satisfaisante. Elle est en fait pleine de vide !

C'est paradoxal ? Certes. Mais salvateur !

Nos vies sont souvent vides de plénitude consciente, de plénitude vide d'objet, de plénitude essentielle.

En définitive, la plénitude existentielle est vide. Le vide existentiel est plénitude.

Pouvons-nous approcher cela, le regarder de près ?

Si oui, quelques bons éclats de rire paveront notre route. Sinon, aucun jugement. L'amour souriant n'en sera pas altéré, pas plus que l'espace qui nous enveloppe ou le papier sur lequel sont écrits ces mots.

Mais peut-être est-il temps de parler un peu plus des caractéristiques de Ce qui Est ?

L'Amour

Nous abordons un sujet sur lequel tant a été dit qu'il en est devenu épineux !

Alors je vous propose tout d'abord de rédiger votre définition de l'amour pur. D'un amour définitif. L'amour que vous avez toujours désiré recevoir et donner.

Vous seriez évidemment aimé pour vous-même, pas pour ce que vous faites ou ne faites pas, la manière dont vous vous présentez, la beauté de votre corps, la couleur de votre peau ou quoi que ce soit d'autre.

Il serait inconditionnel.

Vos « défauts » seraient totalement acceptés et peut-être même une occasion de rire plutôt que de pleurer.

Il serait libérateur : se sentir aimé ainsi vous donnerait des ailes, vous oseriez être pleinement vous-même, sans peur d'être rejeté.

Il ne jugerait pas mais ne dirait pas « oui » à tout et à rien, il ne serait pas sans sens critique.

Les choses utiles vous seraient dites, et probablement avec délicatesse et sourire...

Quoi d'autre ?

Prenez le temps d'en établir la liste, voulez-vous ? Puis, autant que possible, comparez-la avec celle d'autres personnes.

Au fond de vous, vous le savez : elles sont semblables en essence.

Je vous invite à ne lire la suite qu'une fois cela fait.

*

* *

Vous sentez-vous aimé ainsi ? Aimez-vous les autres de cette manière ? Et vous-même, vous aimez-vous de manière inconditionnelle, totale, pure ?

Avez-vous déjà été aimé ainsi ?

Si oui, cet amour est toujours présent en vous car il défie le temps.

Sinon, d'où vous vient la connaissance intime de l'existence de cet amour ?

Comment savons-nous, tous, depuis la plus tendre enfance, sans les mots pour le dire, ce qu'est l'amour vrai alors que, pour la plupart, nous sommes incapables d'aimer ainsi et que nous n'avons jamais été aimé d'une telle manière ?

La réponse est simple : Nous Sommes Amour. Pas « moi » ! Cela qui Est et que « Je Suis », en fait.

En amont des apparences existentielles, « Cela » est Amour ! Et en tant que Cela, je suis Amour, comme tout le monde, même le plus grand des criminels.

Étrange, n'est-ce pas, de penser que même les criminels sont Amour !

Je vous invite encore et encore à acquérir ce double regard : existentiel et essentiel.

Au niveau existentiel, un crime est un crime. Il y a lieu de l'empêcher si nous le pouvons, et de le sanctionner sinon. Au niveau essentiel, tout est, et Cela qui seul Est, est Amour, Paix, Joie, Tranquillité... ET Cela qui seul Est se manifeste sous des formes innombrables, y compris le crime, avec une Intelligence que nous, en tant que personne, ne pouvons souvent ni comprendre, ni cerner. ET toutes ces manifestations sont Amour ET ont un sens au niveau existentiel, même si nous ne le percevons pas ou qu'il nous faut des années pour nous en apercevoir.

Ce qui Est préexiste à l'univers et en constitue la trame, l'essence, et la substance.

Sans Cela, rien ne pourrait exister. Ni le temps, ni l'espace, ni tout ce qu'ils contiennent. Et Cela se manifeste en premier lieu sous ce que nous considérons comme les valeurs les plus élevées de l'espèce humaine : Amour inconditionnel, Joie douce, Paix profonde, Sérénité, Silence... Que nous écrivons ici avec des majuscules pour souligner que ces valeurs sont sans contraire.

Mais encore une fois, ne me croyez pas sur parole. Je l'affirme pour le savoir d'une manière indubitable. Comme je sais que le feu brûle.

Nous pouvons toujours dire à nos enfants : « Ne touche pas, c'est chaud ! » Pour celui qui ne s'est jamais brûlé, « chaud » ne veut rien dire. Par contre, il suffit de se brûler une fois pour connaître définitivement le sens du mot « chaud », de façon indubitable.

Il en est de même pour ce que je viens d'énoncer un peu plus haut.

Je me suis personnellement brûlé plus d'une fois à ce feu, c'est pourquoi je me permets d'affirmer tout cela. Et le bonheur en est tel, que je vous invite ardemment à vous laisser brûler à votre tour.

Il nous est possible de remarquer que nous avons tous le sens du Bonheur, du Bien, du Beau, du Bon, de l'Accueil, de la Paix, de la Joie, de la Présence, de l'Amour... Parce qu'en fait *nous sommes* ces qualités.

Au passage, puisque nous sommes ces qualités, nous n'avons absolument pas besoin de les développer au travers d'une quelconque pratique, approche psychothérapeutique ou développement personnel, mais seulement de les dévoiler.

Laissez se déposer cette phrase en vous, voulez-vous ? Nul besoin de développer les qualités essentielles tels l'Amour, le Sens du Bon, la Présence, etc. Elles vivent en nous. Elles sont qui Nous Sommes en Réalité.

Pour nous en approcher, nous pouvons revenir à la conscience d'être, « Je Suis » – j'écrirais dorénavant cette expression avec des majuscules. Souvenons-nous en : nous découvrons alors que cette paix que nous recherchons souvent est déjà là, en nous, en tant que « Je Suis ». « Je Suis » est Paix, pouvons-nous affirmer.

Prenez le temps de le vérifier pour vous-même, si vous le voulez bien.

Réaliser que nous sommes la Paix nécessite bien sûr de poser nos croyances et nos conditionnements. Nous sommes tellement habitués à penser – et la société occidentale nous y aide bien – que nous ne sommes pas la paix que nous recherchons mais que nous l'obtiendrons lorsque nous vivrons telle ou telle relation, aurons fait tel ou tel séminaire, ou encore lorsque nous posséderons tel ou tel objet !

L'identification à « moi » en tant qu'individu dans le monde, séparé des autres, voile « Je Suis », nous sépare de cette sensation de paix, de joie, de tranquillité, de silence… et nous propulse dans la recherche de ce que nous venons de quitter et qui nous manque.

On peut affirmer que nous passons le plus clair de notre temps à retrouver ce que nous n'avons jamais cessé d'être, et dont nous sommes séparés de manière illusoire : comment pourrions-nous être séparé de notre propre cœur ? Nous pouvons seulement oublier qu'il bat.

C'est ce que la perspective non duelle appelle le « rêve ». Nous sommes pris par le rêve de la séparation d'avec nous-mêmes, les autres et le reste du monde.

Mais revenons un instant à l'Amour, pur, inconditionnel, total.

Vu d'ici, tout, absolument tout, est Amour.

Et « moi » l'oublie souvent.

Mais ce n'est pas parce que je ne sais plus où j'ai mis mes clés que je n'en ai pas. Tout se passe comme si je n'en avais pas, et il me faut les retrouver pour rentrer chez moi.

Vu d'ici, dès que j'y prête attention, il est SU et VU que tout est Amour. En même temps, il est SU et VU que tout est absolument parfait tel que c'est. Rien à changer, rien à rejeter.

Bien sûr, le « moi » réagit souvent vivement à de tels propos, les jugeant inacceptables. Bien évidemment, du point de vue existentiel, ces paroles n'ont pas de sens. Cependant, Cela *sait* qu'elles sont vraies. Mais explorons-le plus avant.

Tout d'abord, permettez-moi de le répéter, nous parlons d'un point de vue essentiel, « absolu ». Pas existentiel. Donc pour pouvoir suivre, il nous faut oublier le point de vue existentiel un instant.

Ces prémisses posées, je vous propose de vous laisser entraîner dans la visualisation ci-dessous.

Un peu comme un rêve éveillé, intérieur. Comme si tout cela apparaissait *en* vous, sans vous affecter.

Ressentez l'espace, et premièrement, imaginez-le vide. Vide de tout, sauf de lui-même. Un espace pur.

Puis imaginez qu'en son sein des mouvements se produisent. Comme des courants d'air : une brise par ci, une brise par là. Comme si l'espace se mouvait au sein de lui-même. Comme ça, sans but, et sans jamais créer de « vide d'espace ». Simplement parce qu'il ne peut pas faire autrement, parce qu'il est dans sa nature de se mouvoir, comme il est dans la nature du soleil de briller ou dans la nature de l'eau de s'écouler.

À de multiples endroits, ces mouvements forment des tourbillons. Ces tourbillons sont comme une densification de l'espace ici et là. Ils finissent par prendre forme. Ces formes ne sont que des concrétions de cet espace, un endroit un peu plus dense que le reste de l'espace. Et bien sûr, elles ne sont en rien séparées de cet espace ! Elles restent faites de la nature même de l'espace. Un peu comme de l'oxygène refroidi devient de l'oxygène liquide, mais reste de l'oxygène.

Les tourbillons vivent leur vie de tourbillon, se rencontrent, se heurtent, fusionnent, se séparent… puis, un beau jour, cessent de tourner. Ils disparaissent en tant que tourbillon, donc en tant que forme. Comme si l'espace cessait d'être « contracté », « densifié », « comprimé » à cet endroit précis. Mais l'espace qui constituait ces tourbillons, ces formes, reste totalement inchangé.

Observez un instant ce ballet « spatial ».

Voici ce que toute forme est, voici ce qu'est l'existence.

On pourrait aussi les comparer à des volutes de fumée irisées qui se meuvent, se croisent, se mêlent les unes aux autres, se démêlent, disparaissent au profit d'autres volutes qui apparaissent ici et là…

N'en faire que l'objet d'une contemplation.

C'est en fait un merveilleux spectacle quand on a la chance de le percevoir !

Oubliez votre perception habituelle du monde encore un peu et restez avec cette perception aussi longtemps que vous le pouvez : toute forme est un tourbillon, une densification de Cela, de l'amour pur, de la joie en mouvement, qui se manifeste de telle ou telle manière, une volute de fumée irisée… Observez-le avec ce regard. Que se passe-t-il alors ?

Prenez vraiment le temps de le faire avant de lire la suite. Que ressentez-vous exactement ?

*
* *

Restez avec la visualisation que je viens de vous proposer et surtout avec son fondement : tout survient en vous – en tant qu'espace vide – sans vous affecter.

Maintenant, réalisez. Comment Ce qui Est, qui s'exprime premièrement en tant qu'Amour, Paix, Joie, Sérénité... pourrait-il porter atteinte à Ce qui Est, qui s'exprime premièrement en tant qu'Amour, Paix Joie Sérénité... ?

En l'absence de toute séparation, impossible que ce qui arrive puisse être fait contre qui ou quoi que ce soit. Impossible que le mal et le bien s'opposent car ils disparaissent ensemble. Seul « moi » refuse un pan de la dualité. Pas l'Essence qui les voit naître en elle.

Alors ce qui arrive, arrive. Simplement, naturellement. Sans aucune intention de nuire ou de faire plaisir, ni quoi que ce soit d'autre. Cela arrive, simplement.

Si tout est Cela, Amour, Joie, Tranquillité, en émane et y retourne ; si tout ce qui existe est de l'Amour ou de la Joie « sous forme de... » qui ne perd jamais sa qualité première, de même que le bijou reste de l'or quelle que soit sa forme... Alors, en Soi, le meurtrier, l'arme du crime et la victime sont Cela même. Cela qui a pris forme et se meut au sein de lui-même, sans que rien, jamais, ne se perde.

Nous sommes certes attachés à telle ou telle forme.

Mais pouvez-vous, l'espace d'un instant, abandonner tout attachement et tout ce que vous avez appris ? Tout concept, toute idée à propos de l'existence, du monde et des événements ?

Un instant seulement. Une seconde suffit pour réaliser cela. Adoptez ce regard témoin qui perçoit l'essence des choses et les voit apparaître, vivre leur vie, et disparaître en toute tranquillité... *en* vous.

L'espace d'une seconde, soyez libre de vous-même en tant que « moi » et de ce qui se passe. Laissez-vous admirer le « jeu » de la création. Tout apparaît au sein de qui vous êtes. Vous n'êtes pas réductible à un être humain vivant à tel endroit. Avant cela, vous êtes pure Conscience, Présence, Vie, etc. Vous êtes Cela au sein duquel tout apparaît, y compris votre corps, vos pensées, vos émotions et tous les événements de votre vie. Y compris l'identification à « moi ».

Mais peut-être est-ce trop ? Cela paraît-il fou ?

D'accord. Mais pouvez-vous laisser la porte ouverte ? Après tout, la *Bible* affirme peut-être avec raison : « Ce qui est folie aux yeux des hommes est sagesse aux yeux de Dieu. Ce qui est sagesse aux yeux des hommes est folie aux yeux de Dieu »...

Cependant avant d'approfondir le problème de la folie humaine rappelons-le une fois encore : savoir en soi que tout est Amour et Perfection ne signifie pas que nous ne ferons pas parfois apparemment tout ce qu'il faut pour changer les choses, et encore moins que nous laisserons faire des choses évidemment « négatives » du point de vue existentiel. D'ailleurs, le désir de changer certaines choses fait intégralement partie de cette Perfection, de cet Amour.

L'affaire du mental

Le monde occidental semble souvent gouverné par le mental. Bien des décisions qui paraissent raisonnables s'avèrent être prises après un long temps de réflexion. Nous avons aussi tendance à croire que seule cette manière de fonctionner est pertinente.

En fait, d'un strict point de vue existentiel, sans le mental la plupart des conflits et des souffrances infligées par les humains à eux-mêmes, aux autres humains ainsi qu'aux animaux ou même à la nature ne se seraient jamais produits.

Le mental est un grand imposteur. Nous croyons en lui, suivons ses raisonnements prétendument évidents, raisonnables, sains...

Mais qu'est-ce que le mental ? Quelle définition en donneriez-vous ? D'où provient la force qu'il possède ?

Ce que nous appelons « le mental » est en fait un ensemble de pensées, prises pour une globalité pensante.

Nous croyons que nous pensons. Nous croyons que les pensées émanent de « moi ». Et que nous avons un organe pensant, appelé « cerveau ».

En réalité, il n'en est pas tout à fait ainsi.

Nous avons appris que les pensées naissent dans le cerveau.

Cependant, nous savons tous qu'un cerveau ne suffit pas.

Il doit être raccordé au reste du corps, et ce dernier doit être en vie !

Et qu'est-ce que la vie ? Nous en parlons comme d'une évidence, mais encore ?

Nous avons tendance à penser que sont vivants ceux qui respirent et dont le cœur bat.

Cependant, les atomes qui constituent le corps tournent toujours à la même vitesse avant comme après la mort de celui-ci. Que se passe-t-il en réalité ? Une simple réorganisation atomique, quelques courants électriques en plus ou en moins…

Et que dire de ceux qui ont vécu une expérience de mort imminente (NDE, *near death experience*) ? Leur corps est « apparemment » mort pendant quelques minutes, mais la conscience est toujours bien présente puisqu'ils peuvent raconter ce qui s'est passé pendant leur expérience.

Le cœur et le cerveau ont cessé de fonctionner, mais la conscience est toujours là, assortie de certaines pensées.

Revenez à la conscience d'être, voulez-vous ? Vous savez que vous existez, que vous êtes, que vous ressentez le silence ou l'espace.

Remarquez-vous que, *stricto sensu* « Je Suis » ne pense pas ?

La conscience d'être n'est pas une simple pensée.

Restez avec elle et voyez apparaître en elle cette pensée : « Ah oui, tiens, c'est vrai ! » ou toute autre pensée qui apparaît à l'instant. Laissez-la passer. La conscience d'être est à nouveau vide de pensée. Observez cela encore et encore. Toutes les pensées apparaissent et disparaissent au sein de la conscience d'être sans y laisser de trace.

Quelle que soit votre réaction, regardez la pensée qui la constitue.

Et revenez à la conscience d'être.

Le calme de « Je Suis » est à nouveau perceptible, immédiatement.

Par contre, dès qu'il est accordé de l'importance à l'une ou l'autre pensée, dès que nous sommes accrochés à l'une d'elle, dès qu'elle est suivie et développée, dès que se produit une identification à l'une d'elle sous la forme : « je pense », « c'est moi, ça ! », ou « cette pensée est vraiment vraie », que se passe-t-il ?

La conscience d'être est immédiatement perdue de vue.

Et souvent pour un bon moment !

Prenez vraiment le temps de revenir sur ces propos et de les mesurer pleinement. Ils sont la clé de la plupart de nos soucis.

Comprendre les rouages du mental et cesser d'y être soumis comme nous le sommes très souvent est sans doute notre meilleure chance de résoudre les problèmes auxquels l'humanité est confrontée. S'il existe l'espoir d'un réel changement, d'une réelle maturation pour chacun d'entre nous, c'est probablement là qu'ils résident.

Nous souffrons tous de la même maladie : la maladie mentale, une sorte d'hypnose ou d'intoxication nous faisant prendre des vessies pour des lanternes.

Nous croyons tous à bon nombre des pensées qui se présentent à l'esprit. Et nous agissons en fonction d'elles.

Cela paraît être raisonnable, c'est folie pure.

Si ces propos suscitent une réaction plus ou moins vive, vous tenez la preuve que nous sommes dans le vrai.

Qu'est-ce qui fait dire que ces paroles sont erronées ?

Acceptez-vous de regarder cela de près ?

Quelle pensée, ou plus généralement, quelles pensées, souvent seulement à peine conscientes, causent votre réaction ?

Mais peut-être ces propos n'ont-ils pas créé de résistance ? Dans ce cas, souvenez-vous de l'une ou l'autre fois où vous avez réagi « au quart de tour ».

Qu'est-ce qui a motivé cette réaction ?

Il est probable que vous vous disiez : « Mais je n'ai pensé à rien ! ».

Alors c'est que vos pensées sont restées inconscientes. Nous ne réagissons jamais à ce qui est dit sans que des pensées s'en mêlent… et s'emmêlent !

Passez au ralenti l'épisode concerné. Seconde après seconde. Quelle phrase, quel mot, quel geste ou quelle situation est responsable de votre opposition ? Que représentait cet événement pour vous à cet instant précis ? Pour quel motif ?

Je vous invite à vraiment prendre le temps de retrouver ce qui s'est produit en vous.

Le plus souvent, un amas de pensées apparaît en une milliseconde, une « histoire » préconstruite qui nous influence totalement. Plusieurs minutes sont généralement nécessaires pour la mettre en mots.

Faites le test, voulez-vous ?

Le pire ? Cette « histoire », construite de toutes pièces, est prise pour la vérité. Nous agissons en fonction de nos pensées, perdant parfois totalement tout sens de la « réalité ».

Ne nous est-il pas parfois arrivé de croire en une interprétation erronée, de raisonner puis d'agir en conséquence ?

Connaissez-vous l'histoire de cet homme qui a besoin d'un marteau et se demande s'il peut demander à son voisin de lui en prêter un ? Il se dit que les gens sont si individualistes, apeurés, peu enclins à rendre service, que son voisin refusera. Au bout de dix minutes, il bout intérieurement face à la bêtise humaine et, n'y tenant plus, il va cogner à la porte de son voisin. Lorsque celui-ci ouvre la porte, il lui jette à la figure : « Et d'abord, je n'en ai pas besoin de votre marteau ! Je m'en passerai puisque c'est ainsi ! ». Puis il tourne les talons et rentre chez lui.

Ce n'est qu'une histoire, certes caricaturale. Mais n'avons-nous jamais agi d'une manière ressemblant de près ou de loin à celle-ci ?

Les personnes jalouses « sans raison » sont par exemple dans ce cas, de même que celles qui estiment qu'elles ne sont pas vraiment aimées si leur partenaire n'est pas jaloux. Et bien d'autres...

Et si nous cessions de croire aux pensées qui se présentent à nous ?

Le mental est un imposteur. Outre qu'on ne peut le cerner puisqu'il n'est qu'un amas de pensées, il a la fâcheuse habitude de diriger notre vie. Et pire encore : il dirige trop souvent nos sociétés dites civilisées.

Un nombre incalculable de décisions importantes, engageant la vie de centaines voire de millions de personnes, sont prises en fonction de raisonnements fondés sur des prémisses douteuses.

Un exemple ?

Il fut un temps où l'on parlait de remembrement des terres pour diminuer les coûts de production.

La Bretagne posait un problème : les milliers de kilomètres de haies séparant de petites parcelles de terre. Alors leur arrachage a été subventionné afin de pouvoir cultiver des terrains d'une surface plus grande.

Les terrains se sont asséchés et sont devenus moins productifs, les eaux ne pénétraient plus dans le sol mais ruisselaient et retournaient directement dans les rivières et à la mer, créant parfois des inondations. Les haies servaient à retenir l'eau et à lui laisser le temps de pénétrer dans le sol.

Nous avons fini par subventionner, plus discrètement, le replantage de haies.

Dès que nous agissons « pour », nous pouvons être sûr de deux choses : premièrement, le mental s'en mêle ; deuxièmement, nous créons le plus souvent nombre de problèmes.

Nous pourrions citer des dizaines d'exemples. Je vous laisse les découvrir. Nous touchons là souvent de très près à nos croyances les plus vivaces : celles qui fondent notre identité. Croyances politiques, croyances relationnelles, croyances quant à l'avenir…

Regarder de près tout ce qui est fait « pour ». Pour atteindre tel ou tel but social, politique, économique, ou même relationnel ou personnel. Et surtout, observez leurs conséquences, à plus ou moins long terme.

Sans concession.

Observez les opinions apparemment opposées, les solutions qu'elles proposent, les conséquences de ces propositions, les solutions proposées pour solutionner les problèmes engendrés par les solutions précédentes, etc.

Ou bien les choses sont faites avec le cœur, sans « raison ». Ou bien elles sont calculées, prétendues « raisonnables » et créent généralement des effets pervers en chaîne.

Je ne jette la pierre à personne. Nous sommes conditionnés ainsi. Et puis il y a ce sentiment d'être séparé qui nous cheville au corps et dont nous ne mesurons généralement pas les effets.

Je tente seulement de montrer que notre manière habituelle de gérer les problèmes et les crises existentielles, relationnelles ou sociales ne règle rien à long terme.

Il n'est bien sûr pas question de jeter le bébé avec l'eau du bain ! Le mental a sa place, bien évidemment. De même que la recherche de solutions. La pensée est fonctionnelle pour effectuer toutes sortes de calculs, s'orienter dans le monde et vivre en société. Je ne prétends pas non plus que le cœur résolve tout, encore moins que ses agissements sont toujours sources de lendemains qui chantent !

Par contre, avec lui, une certaine paix intérieure est toujours au rendez-vous, même dans les larmes de ce qui n'est plus un échec, mais simplement « ce qui arrive ».

En réalité, nous croyons à une pensée du type : le mental, les raisonnements, les stratégies, les interprétations, etc. permettent de mieux vivre, apportent la sécurité, et ainsi de suite.

En conséquence, le mental est souvent érigé en maître, et nous sommes souvent asservis à lui.

Il devra tôt ou tard retrouver la place qui est la sienne : celle d'un serviteur. Au service de qui, de quoi ? De ce que nous sommes au fond, disons : « Je Suis ». Parce qu'enfin, cela n'a vraiment aucun sens de laisser des amas de pensées diriger nos vies et le monde !

Imaginez un monde où toute « décision » émanerait de la seule conscience d'être.

Bien sûr, la conscience d'être ne pense pas et donc ne prend pas de décisions au sens habituel du terme. Elle n'en est pas moins « intelligente ». Souvenez-vous de l'intelligence naturelle de la vie dont nous parlions plus haut.

Lorsque nous demeurons tranquilles suffisamment longtemps, nous constatons que la vie poursuit son cours, naturellement. Nous ne restons pas sans rien faire. Quand nous avons assez dormi, nous nous réveillons et nous levons ; lorsque nous avons faim, nous nous nourrissons… La vie se déploie, car telle est sa nature. Elle est agissante. Spontanément, naturellement, simplement, de fait. Sans processus d'idéation. Les pensées peuvent ensuite servir pour accomplir ce qui la meut. Mais elles ne la gouvernent jamais.

Prenons un exemple. Vous aimez quelqu'un. Vous ne pensez pas que vous l'aimez ! Vous le savez.

Vous le lui montrez. Est-ce un plan bien réfléchi ou une spontanéité qui se meut naturellement ?

Vous désirez l'inviter au restaurant. Alors seulement vous allez utiliser le mental pour penser à réserver une table dans un coin tranquille de la salle.

Et la bougie, y pensez-vous ou vous vient-il de la demander ? Et puis, est-ce fait pour lui plaire ou un mouvement d'amour, spontané ? Quelle réponse émane naturellement ? Lequel des deux a le plus de prix à vos yeux ?

Autrement dit, ce n'est pas vous qui agissez, c'est l'amour qui vous fait agir.

Un autre exemple. Lorsque nous cherchons à partager nos ressentis.

Pour qu'ils soient mis en mots, le mental est nécessaire. Il fait de son mieux, sous l'œil attentif, libre et aimant de « Je Suis ». En nous, cela sait que les mots reflètent plus ou moins correctement ce que nous vivons. Si oui, les mots sont prononcés ou écrits. Sinon, un processus de reformulation ou de réécriture se produit. Des tentatives s'ensuivent jusqu'à ce qu'une formulation acceptable trouve son chemin dans la conscience. Et où est ressentie la justesse des mots employés ?

Mais il y a plus. Lorsque le cœur agit, il n'attend rien en retour. Son action est sa « récompense » : l'ouverture est instantanée.

« Je Suis » est le cœur de nous-mêmes. Il est tranquille, aimant, et n'attend rien en retour. Il se sait agi par la vie, par l'amour. Et cela suffit.

Regardez de près les actes de votre vie et notez ceux qui sont faits ainsi : un accomplissement naturel et spontané. Sans tension. Sans séparation.

Soyez le témoin de vos actes, bien sûr autour de tout ce qui touche à l'amour, mais pas seulement.

Quels sont ceux qui ne demandent absolument rien en retour, pas même un peu de satisfaction ou de gratitude ?

Tous les autres sont, de près ou de loin, contrôlés par le mental.

Vérifiez-le par vous-même, voulez-vous ?

La pensée est perçue en tant qu'impulsion électrique. Rien de plus.

De même le souvenir d'une histoire personnelle, les associations d'idées, les développements de la pensée, l'analyse de nos sensations et de nos perceptions ne sont que des interactions chimiques et des impulsions électriques.

Vous pensez que c'est vous qui les contrôlez ou les organisez ?

Impulsion électrique.

De même, vous ne pouvez pas contrôler le fait que votre corps ressente un coup ou que votre langue reconnaisse le goût du sel.

La science nous le dit bien : les cellules sensitives envoient des signaux électriques relayés par des nerfs et transmis au cerveau sous forme d'impulsions électriques, « analysées » sous forme d'impulsions électriques ; le cerveau répond sous forme de signaux électriques, créant des courants qui vont mouvoir les muscles, etc.

Une sorte d'ordinateur super sophistiqué associé à quelques neurotransmetteurs et à quelques hormones.

Aucun processus de pensée. Seulement des associations neuronales ou des amas de pensées semblant organisés. Aucune pensée « pensée » par « quelqu'un ». Seulement des pensées plus ou moins isolées ou formant des « histoires » captées, perçues par un organe récepteur appelé « cerveau ».

Mais un point mérite une attention plus détaillée. J'ai affirmé plusieurs fois que nous avons conscience d'être. Nous ne sommes donc pas « conscience d'être » non plus. D'ailleurs, elle apparaît au matin et disparaît au cours du sommeil. En nous, forcément.

Si je ne suis ni le corps, ni les émotions, ni les pensées, ni même la conscience d'être... que suis-je alors ?

Ce qui Est

Nous sommes bien conscients de la dualité existentielle dont nous avons déjà parlé. Disons qu'elle est « horizontale ». Il en est une autre souvent oubliée : la dualité « verticale ».

Nous avons tendance à opposer l'existentiel à l'essentiel.

Le monde de la dualité au monde de l'unité.

Les couples d'opposés : le jour et la nuit, le bien et le mal, l'amour et la haine... à la conscience d'être « Je Suis », avec tous les sentiments sans contraire qui l'accompagnent.

Nous pouvons réunir les pôles existentiels et nous rendre compte qu'ils sont complémentaires plus qu'opposés, témoins d'une même globalité, comme la poule et l'œuf, ou l'homme et la femme (sexes évidemment plus complémentaires que « opposés »).

Nous pouvons de même réunir, une fois pour toutes, les dimensions existentielles et essentielles. Elles sont les deux pôles de Cela. Cela qui les englobe toutes deux au sein de ce que l'on peut appeler l'Unicité, l'Un, la Conscience...

Nous pouvons enfin réunir Cela en tant que ce qui est manifesté, et Cela en tant que non manifesté.

En vérité, « Ce qui ne peut être nommé » englobe les deux. Une autre vision du symbole du Tao.

« Ce qui ne peut être nommé », « Cela », « Ce qui est », même s'il en est proche, n'a rien à voir avec « Je Suis ».

D'où provient la certitude d'être ?

Comment savez-vous que vous êtes ?

Est-ce simplement une évidence ?

Ou bien percevez-vous cet indéfinissable « au sein » duquel la conscience d'être apparaît ?

Revenez un instant à la conscience d'être, voulez-vous ?

« Je sais que je suis, que j'existe. » Et si un doute apparaît, levez-le en essayant un instant de cesser d'être.

Laissez cette conscience d'être prendre toute la place. Accueillez-la en vous, sans tension.

Puis demandez-vous : Quelle en est sa source ? D'où provient-elle ? D'où émerge-t-elle ?

Souvenez-vous de ce que j'écrivais plus haut : vous avez des sensations, des perceptions, des pensées... vous en êtes conscient. Vous êtes conscient d'être conscient. Qu'est-ce qui est conscient du fait que vous êtes conscient d'être conscient ?

Lorsque ceci est regardé, que se passe-t-il ?

Aucun mot ne saura le traduire. Rien, blanc, noir, vide, absence et présence simultanément... Peu importe.

Ce ne peut être perçu et pourtant, c'est bien là. Mais impossible de l'approcher ou de s'en saisir.

Rappelons-le, c'est ce que l'on appelle « une aperception ».

C'est pourquoi il convient de distinguer « Ce qui Est » de « Je Suis ».

Nous ne sommes rien de ce qui est perçu. Ou autrement dit : nous ne pouvons être ce que nous percevons. Par conséquent, pas même la conscience d'être. On peut cependant dire qu'elle est, en quelque sorte, la porte d'accès à Cela. Porte en permanence grande ouverte.

Je vous invite à prendre quelques minutes afin de vous accoutumer à cette aperception. Une sorte de Vacuité, vide de tout et cependant pleine. Je sais que je suis... D'où cette certitude, cette conscience d'être provient-elle ?

*

* *

En résumé, nous pouvons dire que, disons « l'Absolu », pour lui donner un nom, est à la fois manifesté et non manifesté.

En tant que non manifesté, il est inconnaissable.

En tant que manifesté, il est fait de deux pôles : essentiel et existentiel.

Soulignons au passage que l'aspect dit essentiel englobe tous les états de non identification à « moi », donc bien des états dits mystiques.

Enfin, en tant que pôle existentiel, il est éminemment duel : masculin et féminin, etc.

Rappelons pour finir que tous ces différents aspects, même s'ils semblent souvent s'opposer, sont en fait toujours complémentaires et ne peuvent exister l'un sans l'autre.

Faire la paix en nous entre ces différents pôles aura pour conséquence de nous apaiser face aux circonstances de la vie, ce qui ne signifie en aucune manière que nous n'agirons pas face aux événements existentiels, bien au contraire : nous serons à la fois pleinement engagés et totalement libres, « en action », c'est à dire « agissants » et non « en réaction ».

ET en amont de cela, nous sommes la Paix elle-même, qui n'a absolument pas besoin que (ce que le mental appelle) la paix règne ici ou là.

Peut-être tout cela n'est-il pas clair pour vous. Dans ce cas, je vous propose de simplement laisser ouverte la possibilité qu'il en soit ainsi.

Peut-être qu'un « oui » résonne en vous à l'énoncé de tout cela. Dans ce cas, fiez-vous à lui. Il est comme une clé qui ouvre l'accès au paradis, maintenant, sur terre.

En effet, le paradis perdu n'est pas ailleurs. Il est ici, sur terre, dans ce monde, tel qu'il est.

Voyons cela de plus près.

Le paradis sur terre

Oui, le paradis n'est pas ailleurs. Il est ici, sur terre, maintenant.

Ce n'est pas ce qui arrive qui nous pose problème, c'est seulement l'identification à une pensée : la pensée « moi ».

Bien sûr, lorsque la croyance en la pensée « moi » cesse, les événements extérieurs restent les mêmes. Par contre, dégagés de leur interprétation mentale, ils ne sont plus vécus de la même manière.

Permettez-moi ici de vous faire part d'une expérience personnelle.

Mais tout d'abord deux précisions :

- Il ne s'agit que d'une « expérience ». Ce faisant, je ne la dénigre en rien ; je souligne seulement qu'elle n'est pas Ce qui Est, seulement l'un de ses multiples reflets, l'une de ses innombrables manifestations. Une simple « apparition » au sein de la conscience. S'il vous plaît, ne vous attachez pas à ce genre d'expériences. Ne cherchez pas à les créer, ne les valorisez pas. N'en faites rien. Juste un partage.
- Je n'ai absolument rien fait. J'insiste : « je » n'est pour rien dans ce vécu. Tout cela s'est produit de lui-même. Ce fut un cadeau ou ce qu'il convient d'appeler une « grâce ». Elle s'est révélée à un instant donné sous une forme particulière. Aucun mérite ici. Rien à rechercher non plus. Un cadeau, simplement accueilli.

Il y a quelques années, j'ai fait une crise de colique néphrétique. Un « caillou » dans le canal qui va des reins à la vessie bloque le passage de l'urine. Il s'ensuit une douleur très aigüe, comme un coup de couteau, qui ne laisse guère de répit.

À cette occasion, la douleur était si intense qu'elle me faisait vomir.

Rien que la douleur et le vomissement.

Et là, un espace de quelques millièmes de seconde s'est laissé saisir avant que n'apparaisse « mon histoire », tout à coup et toute d'un coup, en une fraction de seconde : « Et je suis malade encore une fois ! J'ai ai assez ! J'aimerais tellement être tranquille ! Et en plus je suis seul ! Si j'ai besoin d'aide, comment ferais-je ? Mais qu'est-ce que j'ai fait au bon Dieu pour mériter ça ? »

Connaissez-vous ces pensées qui tournent souvent en boucle, auxquelles nous croyons et donc auxquelles nous donnons du poids, du pouvoir ?

À cet instant précis, il m'a été donné de VOIR.

D'abord l'expérience douloureuse, *puis* un instant, aussi bref soit-il, *puis* l'apparition d'une « histoire » dans sa globalité.

Cette histoire, cet ensemble de pensées – toute histoire n'est jamais que cela – apparaissait *en* moi, à partir de rien, sans support et donc ne reposant sur rien. Bien sûr, il y avait la douleur. Mais en réalité l'histoire n'avait pas de lien avec elle. Elle lui était surimposée, apparaissait après coup. Comme un « tour manigancé », présenté par le mental. Un tour qui procure une existence à « moi », une apparence concrète.

D'une façon générale, nous ne percevons pas cet espace entre les différentes phases ni l'apparition toute d'un coup de l'histoire présentée par le mental ; nous croyons que l'histoire est déjà là et en lien avec l'expérience, agréable ou désagréable. Nous pensons qu'elle apparaît au fur et à mesure, ou préexiste. Alors nous la cautionnons, nous la croyons totalement réelle.

En fait, il n'en est rien.

- Premièrement, la douleur ;
- Deuxièmement, quelques millièmes de seconde ;

- Troisièmement, l'histoire, apparaissant d'un coup comme un « paquet » de pensées, de sensations et d'émotions : comme le monde du rêve apparaît d'un coup au rêveur.

Autrement dit, l'histoire apparaît, à partir de rien, comme toute pensée. Au sein de la conscience, en nous, comme « captée » au sein du Tout. Cependant, elle reflète bien sûr nos conditionnements et nos habitudes.

L'histoire vient toujours se surajouter à l'événement proprement dit. Elle le teinte, et cause souffrance ou plaisir.

Mais poursuivons. Que s'est-il passé alors ?

À la seconde précise où cette histoire a été vue, n'émergeant de nulle part, en moi, en bloc, à partir de rien, sans relation directe avec les sensations, elle s'est dissoute, effondrée. Elle a disparu comme elle était venue, sans laisser de trace, instantanément. Comme le monde du rêve disparaît au réveil. Et avec elle, la possibilité d'une souffrance.

L'absence de relation entre la douleur et l'histoire mentale a été révélée à cette fraction de seconde clairement perceptible qui sépare l'expérience douloureuse de la « naissance *ex nihilo* » de l'histoire.

Encore une fois, je le répète. Je n'ai rien fait. Cela s'est produit. Un cadeau offert par la Vie.

La conséquence ? La douleur était toujours là, un peu moins intense peut-être, mais déclenchant toujours des vomissements.

ET au lieu d'en souffrir, j'en étais amusé, étonné et émerveillé.

Oui, réellement, aussi étrange que cela puisse paraître.

Amusé, étonné et émerveillé.

Incroyable… Et pourtant totalement vrai.

Pas de « moi », pas de souffrance. « Je Suis » est sans souffrance, parce que sans histoire.

Pouvez-vous en mesurer les conséquences ?

La souffrance est créée par notre histoire, par les pensées auxquelles nous croyons, qu'elles soient conscientes ou inconscientes, et jamais par les événements en eux-mêmes.

Le corps était douloureux, les sensations de douleur étaient ressenties, mais « je » n'en souffrait absolument pas, au contraire ! « Je » était amusé, étonné et émerveillé. Bien sûr aucun mot n'était là pour traduire le ressenti, mais on pourrait le transcrire par quelque chose comme :

« Oh, c'est incroyable cette expérience ! Wouaoh, toutes ces sensations dans le corps, et puis ces contractions qui font vomir ! C'est totalement nouveau ! ».

Je ne dis pas que lorsque l'identification à la pensée « moi » disparaît, les douleurs sont toujours vécues de la sorte. Par contre, elles ne sont plus jugées négativement. En fait, soit aucune pensée n'apparaît, soit elles ne sont pas crues plus de quelques secondes. Par conséquent, aucune souffrance – toujours psychologique, liée à des pensées – n'est plus créée, aucune souffrance n'est plus ressentie.

Les effets de la douleur sur le corps restent les mêmes, en particulier la fatigue. Mais elle aussi n'est pas mal vécue. Elle est. C'est tout.

De plus, tout est toujours vécu comme neuf, comme une première fois. Et rien de ce qui arrive n'est exclu ni rejeté.

Alors, oui, on peut parler de paradis sur terre. La souffrance a disparu et laisse la place à ce qui a toujours été là, en fond, prêt à se manifester avec le lâcher prise : l'amusement, l'étonnement, l'émerveillement, la paix, l'amour, la joie, la sérénité, la tranquillité, le sourire voire le rire amusé…

L'enfer n'est pas ailleurs, ni lié aux autres !

L'enfer personnel[12] est créé de toutes pièces par la croyance en la pensée « moi », individu séparé, et par l'adhésion – dans les deux sens du terme – à l'histoire que les pensées racontent à propos de « moi ».

Cette idée peut être rejetée, parce que jugée trop insupportable, trop « légère », déresponsabilisant les auteurs de vilénies, etc. Alors la croyance en ce qui est estimé être « mon » histoire se perpétue, une importance particulière continue à être attribuée à la souffrance : absence de lâcher prise et refus de ce que la vie apporte parfois sous forme de « cadeaux épineux » demeurent bien présents. Autrement dit, un attachement à ce qui est estimé être « ma » souffrance se manifeste.

C'est parfaitement OK. D'ailleurs, s'il en est ainsi, c'est qu'il ne peut en être autrement.

Et c'est le cœur plein d'amour que je l'affirme.

Par contre, peut-être pouvez-vous saisir, même du bout des doigts, l'opportunité qui est offerte ? Pouvez-vous porter un autre regard sur les souffrances que nous endurons tous depuis des millénaires et ce, sans aucun bénéfice réel ?

---

12. Prenez le temps s'il vous plaît de tenir compte de la formulation de ce paragraphe et de celui qui suit. Notez qu'aucune responsabilité n'est attribuée à qui que ce soit. En l'absence de la croyance en la pensée « moi », il n'y a plus aucun « moi » qui pourrait faire ou ne pas faire telle ou telle chose. Tout arrive de lui-même, sans contrôle d'aucune sorte d'un quelconque « moi » qui, vu pour ce qu'il est – une simple pensée – a disparu avec la croyance en son existence. Ce n'est que par facilité de langage et pour la fluidité du texte que « je », « vous », « nous »… sont employés ici.

Voyez ce que les souffrances nous font faire, la manière dont elles nous font agir, nous comme tout autre être humain.

Seul un être blessé intérieurement agit « mal ». Il n'a pas trouvé d'autre manière d'exprimer la souffrance qu'il ressent.

Constatez-le tout d'abord pour vous-même.

Quand avez-vous agi d'une manière peu avouable ? Quels en étaient les motifs ? N'étiez-vous pas « en souffrance » alors, d'une manière ou d'une autre ?

Puis pensez à ce que d'autres ont fait. Vos proches pour commencer. Une « histoire » n'était-elle pas présente ? N'envahissait-elle pas le champ de la conscience ? N'était-elle pas issue de la croyance – érigée en certitude – qu'il ou elle est un individu séparé des autres ?

Et les criminels. Que s'est-il passé dans leur vie ?

Quant aux délinquants en cols blancs, ne doutent-ils pas au fond d'eux-mêmes de leur valeur intrinsèque ? Ne sont-ils pas dévorés par une peur souvent inconsciente ? Même s'ils affirment le contraire ?

Et tous ceux qui disposent à mauvais escient du pouvoir que leur profession leur confère. Croyez-vous que leur cœur est ouvert et qu'ils sont bien dans leur peau ? Si c'était le cas, agiraient-ils de la sorte ?

Et si maintenant vous avez tendance à refuser ces propos, n'est-ce pas parce que vous éprouvez une sorte de « souffrance » : une blessure, un refus, une gêne profonde, un mal-être, etc. ? Peu importe le mot, prenez celui qui se rapproche le plus de ce que vous ressentez.[13]

---

13. Soulignons qu'aucun refus ne mérite de critiques. Ce serait d'ailleurs refuser le refus. Refuser n'est pas mauvais *en Soi*. Cela arrive de soi-même. Les refus sont ce qu'ils sont, simplement : des pensées de refus, crues.

Tout refus provient toujours d'une « histoire », considérée comme personnelle : une pensée ou un ensemble de pensées qui « collent » et auxquelles il est « cru ». Par facilité de langage nous pourrions l'exprimer ainsi : une pensée ou un ensemble de pensées auxquelles « nous » tenons et auxquelles « nous » croyons. En réalité, afin d'être plus concis, nous avons pris l'habitude de dire : « mon » histoire, « ma » ou « mes » pensée(s). Mais percevez-vous un penseur des pensées ?

Je vous invite encore une fois à observer, le regard libre, ce qui se passe en réalité.

Cependant, voir, entendre, percevoir ou non ne nous appartient pas. Alors si ces propos ne font pas écho en vous, mettez-les de côté, ne vous en souciez pas.

L'Amour, la Sagesse et le Jeu

Dès que la croyance en un « moi » s'effondre, aucun sentiment de séparation ni de manque n'est ressenti et de nombreux moments de grâce pure peuvent être expérimentés lors de circonstances tantôt douloureuses, tantôt plaisantes pour le corps, tantôt normalement « neutres » tels entendre un oiseau chanter, regarder un ciel tourmenté ou percevoir le mouvement naturel d'un passant. Ces instants sont toujours plénitude.

Nous connaissons tous de telles expériences, « magiques ». Parfois lors de circonstances banales comme de se promener dans la nature, d'écouter de la musique ou de faire son jardin, plus occasionnelles comme d'être scotchés par la beauté d'un paysage, ou plus rares comme d'accompagner la naissance d'un enfant.[14]

Chacun de ces instants est ressenti d'une manière spécifique. Avec des caractéristiques communes cependant. En fait, toutes les qualités issues du Cœur, sans contraire, sont là en permanence, mais l'une ou l'autre est plus manifeste à tel ou tel moment.

Pour les résumer, on pourrait parler du sourire. Toujours présent. Celui du Bouddha tel qu'il est le plus souvent représenté. Paisible, aimant, sensible, doux, profond, intérieur, libre… Parfois aussi : étonné, émerveillé, amusé.

Sourire qui peut se transformer quelques fois en jubilation intérieure, d'autres fois en rire, jamais moqueur mais toujours plein, souvent espiègle, parfois franchement amusé.

---

14. En réalité, toute expérience apparaît sur un fond souriant, aimant. Simplement, avec la disparition de la croyance en la pensée « moi » accompagnée de la fin de la recherche, l'attention n'est plus autant orientée vers ce qui arrive et ce fond est clairement perçu.

Les écrits parlent d'amour et de sagesse.

L'amour est bien sûr celui dont nous parlions plus haut, inconditionnel. Il est aussi « compassion ». En fait, cette dernière est sans mérite. En l'absence de séparation, l'autre, l'expérience et l'environnement ne sont plus « autres », ils sont vécus *en* nous. Il est alors impossible d'être indifférent à la détresse de notre prochain. Ainsi, la compassion, qu'elle soit agissante ou non à l'instant, est naturelle. Il est alors su qu'elle est sans mérite. En fait, nous sommes amour et compassion. Et en tant que tel, impossible de ne pas aimer. Comment l'amour pourrait-il ne pas aimer quelque chose ou quelqu'un ? Il ne serait plus l'amour !

Mais comment l'amour peut-il aimer ce qui nous est insupportable ?

Parce que la nature première de cet « insupportable » est parfaitement connue, consciente : une manifestation sans intention de Ce qui Est étiquetée par la pensée « insupportable », un mirage, un rêve, une volute de fumée irisée dans l'espace silencieux de la Présence. C'est la sagesse.

Une définition personnelle de la sagesse ? Percevoir les choses dans leur nature véritable, telles qu'elles sont au fond.

Tout ce qui existe est la manifestation de Ce qui Est. De même que tout bijou est une manifestation particulière de l'or. Pour l'or, peu importe qu'il prenne telle forme ou telle autre, ou bien demeure en tant que pépite, on pourrait dire « sans forme ». Il en est de même de Ce qui Est.

Par comparaison, si l'or s'expérimente lui-même en tant que bijou, Ce qui Est s'expérimente en tant que tel ou tel objet, animal, être humain, événement, sensation, émotion, pensée… Accueillant tout tel que c'est, conscient de tout tel que c'est, sans identification aucune avec ce qui se passe. Le rêve est vu pour ce qu'il est : un rêve.

On peut aussi comparer cette manifestation à un jeu. D'accord nous souffrons, et ce n'est guère drôle ! Alors parlons pour commencer d'un jeu au sein d'un mécanisme, ce qui a pour conséquence quelques désordres en série.

N'est-il pas étonnant de voir que ce qui recherche la plénitude : « moi », est justement ce qui empêche de la ressentir ? Il n'y a pas de non plénitude, pas de séparation… seulement un « moi » qui croit en ces choses. La croyance en la pensée « moi » est le jeu dans le mécanisme.

Mais lorsqu'il est VU que le fauteur de troubles est cette croyance et que l'identification à la pensée « moi » ne se fait pas, que se passe-t-il ? Comment continuer à croire à ses histoires ? Comment se prendre au sérieux « pour de vrai » ? Sauf à de rares exceptions près, cela devient tout simplement impossible plus de quelques secondes.

Et il y a plus. Simultanément, les jeux joués par tout un chacun, le plus souvent dans la plus parfaite inconscience, sont clairement perçus.

Alors il devient impossible de croire aux histoires que chacun de nous raconte.

ET, pour finir, il est SU que ces mécanismes – croyance en l'idée d'un moi, croyance en ses histoires – sont parfaitement connus en Soi, par Ce qui Est – et que Nous Sommes en réalité.

Autrement dit, il est su que chacun sait qu'il joue… Et joue à oublier qu'il joue, afin de pouvoir jouer « pour de bon ». Peut-être incroyable et étonnant, mais cependant vrai.

Connaissez-vous la différence entre un adulte et un enfant ? L'enfant sait qu'il joue. L'adulte se prend au sérieux et croit ne pas jouer. En fait, si l'on y regarde bien, il joue à se prendre au sérieux et à oublier qu'il joue.

Et nous savons tous comment les choses se passent : tant que nous apprécions un jeu, nous continuons à y jouer. Puis, un beau jour, sans que personne n'en connaisse la raison, ce jeu ne nous intéresse plus. Alors nous cessons d'y jouer. N'est-ce pas ainsi qu'ont disparu notre engouement pour nos jeux d'enfants ? Nous avons « grandi », dit-on.

Mais que se passe-t-il lorsque le jeu, appelé « croyance en un 'moi' » cesse, lorsque l'identification à un « moi » illusoire disparaît ? « L'éveil » de la conscience à elle-même demeure.

Alors tout est vu pour ce que cela a toujours été : la manifestation de Ce qui Est, une apparition merveilleuse qui se déroule en Cela-Je.

Mais ne nous y trompons pas : « Je » en tant que Cela, demeure. Un « Je » inclusif. Tout se déroule en « Je », rien n'en est séparé. Plus : « Je » est Jeu. À son corps défendant cependant. Ce qui Est se manifeste par nature et non par calcul. Sans but aucun, tout comme le soleil brille. Autrement dit, tout cela arrive de « soi-même », sans « personne » pour le créer.

Mais revenons aux jeux et au « moi ».

Quelles qu'en soient les apparences, je ne vous propose pas de changer de système de pensée. L'analyse proposée ici est forcément personnelle, incomplète, et en aucun cas souveraine. Peut-être même vous paraît-elle totalement erronée et dépourvue de bon sens. Peu importe au fond. À travers elle, *je vous invite au regard* : à regarder les choses telles qu'elles sont, encore et encore ; à dévoiler nos croyances et nos conditionnements ; à « être avec » et à voir ce qu'il en résulte.

Tous les jeux nous lâchent un jour comme de jouer à la poupée ou aux petites voitures. Nul besoin de se forcer.

Lorsque le temps est venu, le jeu ne nous intéresse plus. Il nous quitte.

Mais peut-on pour autant dire que jouer à la poupée n'a servi à rien ? La question ne se pose même pas. Peut-être murissons-nous et avons-nous appris différentes choses à travers lui. Cependant, par nature et dans l'esprit d'un enfant, il n'est pas élaboré pour servir à quoi que ce soit. Le jeu est naturel, normal et spontané. Inévitable.

Plus grand, nous jouons au papa et à la maman, à l'institutrice ou au docteur...

Puis la vie devient sérieuse. Il s'agit de jouer à être un bon élève – ou le trouble fête rebelle – de réussir – ou de réussir à échouer.

Oui, réussir est une sorte de jeu. D'abord nous aimons réussir, puis nous voulons réussir, enfin l'échec nous insupporte.

Que s'est-il passé ?

Lorsque l'enfant apprend à marcher, c'est évident :

- Réussir est stimulant, joyeux et amusant ; de plus, il est félicité.
- Ne pas réussir est sans influence et non décourageant ; les adultes l'encouragent.
- Et, sauf handicap sérieux, il est évident pour tous qu'il saura marcher un jour.

Aucun problème.

Pourquoi tout ce que nous faisons n'est-il pas teinté de la même joie ?

N'est-ce pas parce que tout à coup les choses deviennent sérieuses ?

N'est-ce pas parce que l'enjeu prend des proportions dramatiques, parce que nous avons l'impression que notre vie, ou notre survie, ainsi que celles de nos enfants, dépendent de nos échecs ou de notre réussite ?

Qu'est-ce que ce sérieux ?

La réussite scolaire ou sportive ne se « jouent » pas avec les mêmes règles. Tout à coup, l'échec devient possible, les conséquences deviennent graves, voire dramatiques.
Mais aux yeux de qui ? Et en quoi, exactement ?

Notez les termes : « enjeu », « jouent ». Notre conscience collective reconnaît là des jeux.

Le jeu s'est complexifié, plusieurs facteurs ont été introduits : les règles, l'enjeu, l'échec. Parlait-on d'échec lorsque notre bambin tombait sur ses fesses ? Y avait-il un enjeu ? Des règles à suivre pour réussir à marcher un jour ? Non.
Et lorsque nous jouions aux petites voitures ou à la poupée ? Pas plus.
Tout se déroulait naturellement.

Cette complexification des jeux fait partie de l'évolution humaine. Il est même évident que nous abandonnons successivement différents jeux parce qu'ils ne sont plus assez complexes pour nous.
Mais nous ne cessons pas de jouer pour autant.
Il suffit par exemple pour s'en convaincre de regarder le chiffre des ventes des consoles de jeux ! Et puis à l'âge adulte, nous reconnaissons les jeux de séduction, les jeux de pouvoir, et un nombre certain d'activités ludiques. Certains de ces jeux sont amusants, d'autres non, certains en amusent quelques uns, et sont critiqués par d'autres – ce qui est aussi une sorte de jeu, non reconnu pour ce qu'il est.

S'il ne s'agissait que de préférer des jeux plus complexes, il n'y aurait aucun souci. Mais l'enjeu crée une angoisse. Celle de lendemains qui ne chantent pas, celle de l'échec avec ses conséquences en fait souvent plus redoutées que redoutables.

Alors, selon les adultes, il s'agit d'être sérieux et de cesser de jouer, de cesser d'exprimer notre nature.

Passé un certain cap, beaucoup d'enfants aiment être sérieux, mais ce n'est guère naturel. Nous sommes nés pour jouer, pas pour être sérieux.

« Oui mais, il faut bien qu'il apprenne et assure son avenir ! » peut-on par exemple entendre. Il y a là un glissement, à peine entrevu et porteur de bien des soucis : la confusion entre « apprendre » et « assurer son avenir ».

Apprendre est naturel pour les enfants. De plus, ils aiment ça ! Et même, tant qu'on ne les en dégoûte pas, ils en redemandent. Combien d'entre eux ne nous ont pas un jour saoulé avec leurs « Pourquoi ? » ?

Un enfant peut se poser un nombre impressionnant de questions, sérieusement, et en attendre une réponse sérieuse. Mais vivre sérieusement, et axer sa vie sur le sérieux de l'existence n'est pas naturel. Normal aujourd'hui, oui, peut-être pour beaucoup d'entre nous. Mais naturel, non. Autrement dit, il s'agit d'un conditionnement.

Comment l'enfant devient-il sérieux ? Il joue à l'être.

Pour être « comme mon papa » ou « comme ma maman », ou pour leur plaire, être aimé, ou pour « avoir l'air grand »... Un jeu. Toujours un jeu. Qui procure bien du plaisir au début.

Cependant pour être vraiment « grand », comme papa ou maman, il faut en plus se prendre au jeu, à savoir : croire que l'on est vraiment sérieux et non pas que l'on joue à l'être. Un seul moyen : oublier que l'on joue.

Le jeu n'est alors plus amusant du tout, mais il est trop tard : nous sommes « pris au jeu ».

Souvenez-vous de la manière dont vous êtes devenus sérieux, si cela vous est possible. Sinon, observez les enfants, parlez avec eux, et voyez par vous-même ce qu'il en est.

Pourquoi tant d'adolescents ne désirent-ils pas devenir adulte ? L'une des raisons majeures n'est-elle pas que les jeux joués par les adultes ne les emballent pas du tout ?

Mais ils désirent être autonomes, vivre leur vie sexuelle, fonder un couple voire une famille... Alors ils finissent par rentrer « dans le rang ». Souvent à regret.

Que s'est-il passé ? Nous avons perdu confiance. Perdu confiance en nous, en la vie, en l'avenir, en nos capacités ou en celles de nos enfants...

Nous sommes habités par la peur de l'avenir.

Et nous appelons cela « être raisonnable »...

Mais qu'est-ce qui prouve que nous réussissons mieux en travaillant à en oublier qui nous sommes ? Seulement l'idée que nous en avons. Peut-être irions-nous moins loin dans des études théoriques, universitaires. Peut-être. Mais réussirions-nous moins bien ? Pas sûr. Einstein était jugé par ses professeurs comme un cancre qui n'arriverait jamais à rien. Ceci ne l'a pas empêché de réussir brillamment !

De plus, combien d'entre nous n'ont guère fait d'études et gagnent mieux leur vie que d'autres qui en ont fait de longues ?

Bien sûr, il n'y a pas lieu pour autant d'affirmer que travailler à l'école et faire des études ne sert à rien, cela n'aurait aucun sens.

Mais surtout, qui a dit que tout cela devait être sérieux ? Où est-ce écrit ? N'est-ce pas simplement une croyance partagée par beaucoup ?

Si nous avions continué à jouer, « pour de vrai », c'est à dire consciemment, avec amusement, que se serait-il passé ?

Et si nous avions continué à apprendre parce que nous répondions à un appel intérieur et non pour réussir ou pour satisfaire nos parents ou nos professeurs ?

Et si, en tant qu'adultes, nous continuions à jouer consciemment selon notre nature et à apprendre pour répondre à notre appel intérieur ? Et si, conscients de ces mécanismes, nous enseignions aux enfants non pour les « élever » et leur apprendre la vie telle que nous la concevons aujourd'hui, mais pour répondre à leur appel intérieur ?

Votre vie, celle de vos enfants, de vos amis, celle de l'humanité dans son ensemble ne serait-elle pas fondamentalement différente ?

Einstein aurait-il été moins intéressé par le fonctionnement de l'univers ? Et Pasteur par sa recherche ?

Et puis qu'est-ce que « réussir » ? Aujourd'hui, dans notre société de consommation, cela équivaut souvent à gagner beaucoup d'argent. Mais si c'est au prix de soi-même, est-ce une réelle réussite ? N'est-ce pas cher payer cette adaptation au monde dit civilisé ?

La vraie réussite n'est-elle pas plutôt d'être bien en soi et d'aimer la vie ? De rire souvent ? D'être en paix avec soi-même, les autres et la vie ?

Certains restent sur la voie étroite de la réussite sociale et personnelle, par exemple poursuivant une passion avec laquelle ils peuvent gagner leur vie.

Mais la plupart se mettent au « travail ». Par nécessité. Par croyance.

Autrement dit, nous accordons de l'importance à certaines convictions plus qu'à d'autres, dans tous les domaines. Et alors même que nous savons pertinemment que nous ne partageons pas tous les mêmes certitudes, nous restons toujours persuadés que les nôtres sont les bonnes, les vraies, les meilleures. Mais quelle en est la preuve ? Aurons-nous la force et le courage d'aller y voir de près ?

Quelles qu'en soient les apparences, je le répète, je ne vous propose pas ici de changer de système de pensée. Je vous invite seulement à regarder.

Si vous le voulez bien, revenez à « Je Suis », à la conscience d'être. Portez à nouveau votre attention sur le silence qui précède tout bruit ou sur l'espace qui permet à tout objet d'y prendre sa place. « Je Suis » manque-t-il de confiance ? A-t-il des doutes ou des inquiétudes quant à l'avenir ? Pense-t-il que telle opinion sur le monde et la vie est meilleure que telle autre ?

Puis constatez que ce regard porté sur les choses nécessite de se situer en amont de tout système, de toute croyance. « Être avec », « accueillir » sont des qualités de « Je Suis », son expression naturelle. Là où la croyance en la pensée « moi », ne sévit plus ou peu s'en faut.

Notez que tout regard porté sur toute croyance nous propulse en amont d'elle et de toute stratégie – une autre forme de jeu. Et vérifiez enfin qu'à chaque regard conscient tout stratagème perd de son intérêt pour laisser la place à ce qui brille naturellement : Soi, « Je Suis », Cela.

Petit à petit, toute stratégie nous lâche. Nous ne sommes plus pris par elles, plus identifiés à elles. Elles ne sont plus prises au sérieux.

Certaines continuent éventuellement à se jouer… sans « moi » pour les jouer.

À chaque âge ses coups montés, jusqu'à cette maturité ?

Il peut arriver enfin que la plupart des jeux stratégiques disparaissent de notre vie. La Joie est pleine alors, et la Vérité, toute nue, s'exprime avec Simplicité. Nous y reviendrons plus loin.

En attendant, souvenons-nous : plus le point de vue est large, plus nous avons la chance de voir le paysage en entier. Prendre du recul est nécessaire et concerne tous les domaines de notre vie : relationnel, politique, social, économique…

Alors ce doux sourire fait de joie tranquille demeure présent, quelles que soient les circonstances extérieures. Plus de peur. On ne peut pas parler d'avoir confiance. Seulement « d'êtreté ». Et l'Être est Confiance. Le ressentez-vous ?

L'attachement

À ce stade, le sol peut paraître se dérober sous nos pieds :

- Oui mais alors, en quoi croire ?
- En rien.
- En rien ?
- Oui.
- Mais si j'abandonne toutes mes stratégies, tout ce que j'ai construit, que vais-je devenir ?
- Rien. Rien de particulier, rien d'autre que ce que tu es déjà. Mais quelle importance ?
- Ne plus jamais rien faire pour... ?
- Exactement.
- Et puis quoi ?
- Rien.
- Mais alors, sur quoi m'appuyer ?
- Sur rien.
- Mais comment est-ce possible ?
- Tu ne peux le faire.
- ???
- C'est la bonne nouvelle. « Moi » ne peut le faire. En réalité, « moi » n'étant qu'une pensée n'a jamais rien pu faire, contrairement aux apparences. Et « Ce que tu Es » ne s'appuie sur rien et n'a jamais eu besoin de s'appuyer sur quoi que ce soit. C'est l'une des manières d'entendre les paroles de Jésus-Christ : « Le Fils de l'Homme n'a pas où reposer sa tête ».

ET, je ne suis pas en train de dire que tu dois abandonner toute stratégie. Ce serait encore une stratégie ! De plus, si un jeu se joue, qui trouve à y redire, sinon « moi » ?

ET tu n'as absolument pas *besoin* de croire en quoi que ce soit. Et surtout pas à ce qui est écrit ici.

Sentez-vous le vide ? Et le plein juste en amont de lui ?

Mais il reste un rempart à abattre. Celui de l'attachement.

Nous nous sentons protégés par nos croyances, par la façon dont nous avons construit notre vie, par nos acquis, par notre intégration sociale ou familiale, etc. En fait, cette protection n'est pas réelle. Un tremblement de terre, un licenciement, un décès, une rupture amoureuse… et tout est remis en cause.

Alors pourquoi s'appuyer ainsi sur nos « réussites », notre statut, nos rôles sociaux ?

Cela n'a *en soi* guère de sens, pourtant, en tant que « moi », nous le faisons, sans nous poser de question, et de plus nous considérons souvent que cette attitude est vitale.

Une fois encore, regardons tout cela de près. Quel en est l'intérêt ?

Un jeu amusant ? Peut-être.

Une stratégie gagnante ? Peut-être.

Mais pour combien de temps ?

Et sentez-vous l'angoisse de fond qui sourd lorsque vous pensez à l'avenir ?

Ou bien préférez-vous éviter d'y penser ?

Sinon, quoi d'autre ?

Tout cela est parfaitement inutile et source de bien des conflits intérieurs avant de se manifester tôt ou tard par des bouleversements critiques.

Encore une fois, il ne s'agit pas de changer de croyance, mais d'observer nos mécanismes « en toute amitié ».

Nous avons peur. Et nous nous rassurons en adoptant des stratégies, des croyances, des certitudes… Et bien sûr, nous tenons à elles puisque nous pensons qu'elles nous protègent ! Mais si nous nous apercevons qu'elles ne peuvent pas nous protéger réellement et que le sentiment de sécurité qui leur est associé est faux, que choisissons-nous ? L'honnêteté du lâcher prise avec l'angoisse qui l'accompagne ? Ou le refoulement de la prise de conscience ?

Nous sommes attachés à nos croyances, à notre statut, à nos rôles sociaux... et au sentiment de sécurité qu'ils font naître.

Mais le jour où tout s'effondre, nous sommes défaits. Totalement.

Alors si nous acceptions d'être défaits de suite et de découvrir une autre sorte de sécurité, intérieure ? Et si nous acceptions de laisser ce faux sentiment de sécurité ? Et cet attachement ? De les voir pour ce qu'ils sont ?

Où prendre refuge ? En Soi, en « Je Suis ». Lui ne doute pas, n'éprouve pas de peur, n'est pas attaché à telle situation ni à telle personne. Il est liberté. Quelles que soient les circonstances extérieures.

Que préférez-vous ? Un vrai sentiment de tranquillité ou un faux sentiment de sécurité ? Un non attachement tranquille – ce qui ne signifie pas « un détachement » – ou un attachement douloureux lorsqu'on en perd « l'objet » ? Quel qu'il soit : la beauté, la santé, l'être aimé, la profession, etc.

Parce que, même si nous ne le voulons pas et préférons l'oublier, tout ce qui est de ce monde est éphémère : rien ne dure « pour toujours ».

Pouvez-vous prendre le temps d'accueillir ce fait ?

Rien ne dure pour toujours...

Mais précisons la distinction entre non attachement et détachement.

Le détachement est souvent interprété comme synonyme de froideur, de non intérêt.

Le non attachement n'a rien à voir avec cela. Il est liberté et engagement.

Je suis à la fois pleinement concerné, pleinement impliqué, et totalement libre de ce qui se passe ainsi que du résultat.

Je fais ce que je sens de faire, je dis ce que je sens de dire, et je reste libre et souriant intérieurement, que je sois entendu ou non.

Un exemple ?

- Je t'aime.
- Pas moi.
- Aucune importance, je t'aime quand même.

Sous entendu : t'aimer est un fait en soi, auquel je ne peux rien ; t'aimer est nourrissant en soi et je n'ai pas besoin que tu m'aimes en retour ; je ne te demande rien, ni reconnaissance, ni amour, pas même un regard…

C'est une liberté particulièrement fonctionnelle parce qu'issue d'un amour plus inconditionnel. Ceci est vraiment vérifiable avec nos enfants.

Avez-vous remarqué le nombre de fois où ils nous provoquent et nous poussent dans nos retranchements, que ce soit par les sottises qu'ils commettent, par leurs choix, leur révolte contre le monde, nous-mêmes ou ce que nous leur avons transmis ?

Quelle est notre réaction alors ?

Pouvons-nous sourire, aimants et libres de leurs manigances comme de leurs tentatives de se trouver ou de se construire « tout autre » ? Libre de l'expression un peu chaotique de leur souffrance ou de leur révolte contre ce qu'ils vivent ou contre le monde tel qu'il fonctionne ?

Nous désirons tellement préserver nos enfants ! Nous voulons que tout désagrément leur soit évité et qu'ils ne connaissent que le bonheur. Et nous créons, par cet attachement autant à eux qu'à nos désirs, bien plus de souffrance que si tout était simplement accepté, accueilli, libre.

Notre simple désir de les voir heureux crée une tension en nous. S'ensuivent des actes, des pensées, des orientations. Moins de liberté intérieure.

Et cette contraction en génère une chez nos enfants. Très jeunes, ils veulent nous satisfaire, nous « sauver » de notre tension intérieure. Puis plus tard ils sont obligés de se rebeller contre nous parce qu'en fait ils désirent être eux-mêmes, vivre leur vie, faire leurs expériences, ne pas être contraints par nos peurs... Parce qu'en fait, le bonheur que nous désirons pour eux n'est pas de ce monde. La vie est injuste, et parfois fort désagréable pour le « moi ». Ce sont des faits ! Et aucun d'entre nous n'y changera jamais rien !

Par contre, si ces faits sont clairement vus et accueillis, une tension se relâche en nous et notre rapport à nos enfants, au monde et à la vie est différent. Nous acceptons que tout ne soit pas toujours rose pour nos enfants, et nous continuons à ressentir le sourire tranquille de l'accueil, de « Je Suis ».

Évidemment nous restons pleinement concernés par ce qui leur arrive ! Et nous les accompagnons de notre mieux. Mais en « lâcher prise ». Sans exigence, avec une confiance inébranlable en Cela. Souriants, amusés, étonnés, émerveillés, aimants... Et libres.

Pour clore ce chapitre, revenons un instant à l'abandon ou non de nos jeux, de nos croyances, de nos stratégies, et même à la vision proposée ici.

Si cet abandon se fait, n'en tirez aucun mérite. C'est que cela devait arriver. Et s'il ne se fait pas ? Inutile de vous fustiger, c'est que cela devait arriver.

Une précision cependant. Il ne s'agit pas de fatalisme. Le verbe « devoir » n'est pas pris ici dans sons sens habituellement lourd, mais dans toute sa légèreté.

Comment saviez-vous qu'il devait faire beau aujourd'hui ? C'est simple. Il fait beau. Quelles que soient les prévisions météorologiques.

Et s'il pleut ? De même.

« Cela » est pourvu d'une intelligence propre qui confond les météorologues et les scientifiques de la psyché humaine.

Autrement dit, comme le souligne bien des écrits dits « Sacrés », et particulièrement la *Bhagavad-Gîtâ* : Rien de ce qui arrive ne nous appartient ; par conséquent, les fruits de nos actes ne nous appartiennent pas non plus ; nous pouvons ne pas nous les attribuer, les laisser de côté, qu'ils soient agréables ou désagréables.

Non attachés à ce qui arrive, non attachés aux fruits de nos actions, nous sommes libres.

Ne rien faire *pour* quelque chose ni *dans tel ou tel but*...

Aucune stratégie, aucune recherche. Simplement être et laisser agir.

ET paradoxalement, *vous* ne pouvez le faire, car « ne rien faire dans le but de... » est encore « faire 'rien' dans le but de... ».

Alors ?

Rien.

Un « rien » qui ne peut être compris. Seulement vécu, avec le sourire... ou pas, si cela ne se fait pas.

Autrement dit, je ne vous propose même pas d'arrêter. Ni de faire, ni de ne pas faire, avec ou sans but.

Difficile ? Peut-être. Sauf à le vivre sans le construire ; sauf à être défait.

Sauf aussi à se laisser brûler par le désir sans y succomber. Sauf à brûler les désirs et toute quête par la même occasion. Sans personne pour le faire.

Mais examinons cela de plus près.

Le manque, le désir et la quête

On nous a appris que nous étions des êtres de désir, qu'être, c'était désirer. En fait, tout comme penser n'est pas être, ni sa preuve ; désirer n'est pas être, ni sa preuve.

Le désir, que nous allons distinguer de « l'allant naturel », naît toujours d'un sentiment de séparation.

L'allant naturel « va de soi ». Les choses se font, souvent sans même y penser. Un enfant a-t-il besoin d'avoir le désir de jouer ou d'apprendre à marcher, ou bien sa nature le pousse-t-elle à agir de la sorte ? On pourrait aussi parler de « force de vie ».

Par contre, pour qu'il y ait désir, il faut l'idée que « quelqu'un » désire et un « objet » de désir. Il faut une « histoire » : celle d'un « moi » qui estime qu'il sera plus heureux dans le futur lorsque tel désir sera satisfait. Cette histoire est faite de pensées crues :

- Une pensée de « moi » ;
- Une pensée de bonheur ;
- Une pensée de futur ;
- Des pensées à propos de l'objet du désir et de ce qu'il va nous apporter ;
- Une pensée de manque ;
- Une pensée de satisfaction.

Mais lorsque nous sommes un avec tout ce qui est, que désirer ? Et même sans aller jusque là, dès que la pensée « moi » n'est plus crue, dès que l'illusion d'un « moi » disparaît, qui pourrait bien désirer ?

La question même du désir – comme toute autre question – se dissout d'elle-même.

D'ailleurs, lorsque nous nous établissons dans la conscience d'être « Je Suis », éprouvons-nous un quelconque désir ?

Cependant n'allez pas croire qu'en l'absence de désir – tel que nous le définissons ici – la vie perd sa saveur.

Bien au contraire, celle-ci se déploie. Ce qui disparaît, c'est la recherche du bonheur et les tensions corporelles qui l'accompagne, au profit d'une tranquillité heureuse et souriante : le bonheur est déjà là. Tout se passe comme si tous nos désirs étaient satisfaits, la vie est pleinement goûtée.

Et n'hésitons pas à le répéter : le désir n'est pas l'allant naturel. Dégagé des conditionnements et des illusions, ce dernier s'exprimera même d'une manière plus libre et plus spontanée.

Ainsi, tout désir, en tant que recherche d'une satisfaction, provient d'une sensation de manque.

De manque d'unité.

N'est-ce pas le moteur de bien des relations humaines ? N'est-ce pas ce sentiment d'unité que nous recherchons lors des rapports sexuels et trouvons en particulier dans la phase dite post-coïtale ? N'est-elle pas justement caractérisée par l'absence de tout désir et une profonde détente ? Dans cette absence de désir, avons-nous cessé d'être ? Et si nous n'éprouvons pas à ce moment-là cette sensation d'unité et la paix qui l'accompagne, la sensation de manque n'est-elle pas alors encore plus perceptible ? Ne ressentons-nous pas une sorte d'insatisfaction ?

Le sentiment d'unité ressenti après les rapports sexuels fuit souvent ceux qui recherchent le plaisir plutôt que l'expression de l'amour.

Dans le premier cas, chacun est là pour le seul plaisir des sens.

Dans le second cas, ce qui guide les gestes, c'est l'amour, la présence à soi et à l'autre, à ce qui est et se manifeste. L'acte sexuel passe au second plan. Il n'est plus le but, non plus que l'orgasme, mais le moyen naturel d'exprimer un ressenti : l'amour, l'êtreté.

Pour qu'il y ait désir, il faut qu'il y ait croyance en un « moi » à qui il manque quelque chose.

En fait, « moi » est une pensée ; le manque et le désir aussi, même si des sensations corporelles ont tendance à nous faire croire que ces pensées sont vraies.

Cependant, soulignons-le clairement : comme l'allant naturel demeure, la disparition de la pensée « moi » et donc de tout sentiment de séparation ne met généralement pas fin à tout rapport sexuel. Ils sont par contre généralement vécus d'une toute autre manière.

Nous recherchons tous le bonheur, l'unité. C'est à dire la fin du sentiment de séparation. La fin de la sensation de manque.

Sentiment et sensation s'appuient-ils sur une réalité définitive ? D'où proviennent-ils ? Quelle est leur source ?

Nous ressentons tous cet appel à la plénitude. Car elle préexiste à tout, elle est notre nature première, et même plus : ne pas la vivre est la preuve d'un oubli, d'une vision faussée.

Alors revenons à « Je Suis », à la conscience d'être. Constatons une fois encore que tout désir en est absent. Le sentiment de séparation a disparu, ainsi que toute recherche. De plus, une douce paix nous habite.

Or « Je Suis » est toujours là, en fond ou clairement perceptible.

De plus, « Je Suis » n'est qu'un avant goût de Ce qui Est – et que vous êtes en réalité.

Autrement dit, la plénitude n'est pas liée à « moi ». Quelle serait d'ailleurs sa valeur si elle était seulement liée à la pensée « moi » ? La plénitude peut être *ressentie* à certains moments. En réalité, qu'elle soit ou non perceptible, elle préexiste, tout comme « Je Suis », tout comme l'eau préexiste à la rivière. Une plénitude qui ne se connaît pas elle-même…

Au fond de vous, cela est SU. Regardez encore et encore.

Et si vous ne le percevez pas, ce n'est pas grave.

Mais même dans ce dernier cas, adoptons ces prémisses un instant s'il vous plaît : Cela Est, avant toute existence, pendant toute existence et après toute existence. ET cela est Présence, Conscience, Amour, Paix, etc. Cela Est, en présence comme en l'absence de toute manifestation de quelque type que ce soit. ET en l'absence d'un « véhicule physique » – le corps – permettant de le vivre, ni Ce qui Est ni Ses qualités ne peuvent être ressentis ou perçus.

Lorsque survient une identification à la pensée « moi », un sentiment de séparation apparaît, séparation de cette Unité et du Bonheur que nous sommes en réalité. On pourrait dire : nous nous sommes oubliés, nous avons oublié notre nature véritable. [15]

Commence alors une quête : nous n'avons de cesse de retrouver ce bonheur, de mettre fin à ce sentiment de séparation. Par tous les moyens, en fonction de nos croyances, de nos gènes et de nos conditionnements personnels.

Si ces prémisses sont exactes – et je n'ai pour ma part aucun doute à ce sujet – quelles en sont les conséquences ?

Le sentiment de manque provient de la Source elle-même. C'est le souvenir de la Plénitude CONNUE, ou

---

15. Les pronoms personnels sont une facilité langagière dont il est bien difficile de se passer. En réalité, puisqu'il n'y a pas de moi, il ne peut y avoir de « nous ». On pourrait écrire : Fasciné par Sa création, Ce qui Est oublie Sa nature au sein de Sa manifestation… Ce qui reste une approximation. Une nouvelle fois, les mots ne font qu'indiquer une direction et ne peuvent que refléter la Réalité.

peut-être mieux dit : la Plénitude que Nous Sommes en Réalité. On peut ici faire un parallèle avec le mythe du paradis perdu : ce paradis-là est alors celui de l'Unité, de Ce qui Est.

Comment cela fonctionne-t-il ? La Source se rappelle à Elle-même. On pourrait écrire : nous ramène à Nous-même, à Je Suis. C'est l'Appel. Cet appel à autre chose, à mieux, au tout autre, à la relation parfaite, aux acquisitions de toutes sortes, à plus d'expérience... Peu importe la forme qu'il prend. L'Appel. L'Appel de l'Unité à l'Unité, de l'Amour à l'Amour, du Bonheur au Bonheur. Il provient de la Plénitude elle-même, mais il est *ressenti* comme un manque[16].

Prenez le temps de mesurer cela : la Plénitude sans objet est *connue*, intérieurement, profondément, intimement. Utilisez le vocable que vous préférez. C'est la raison pour laquelle nous la recherchons tous et autant. Nous en connaissons le goût, le parfum, l'essence... puisqu'elle est ce que Nous Sommes.

Si ce n'était pas le cas, comment pourrions-nous seulement l'imaginer ?

Identifié à la pensée « moi », je me sens séparé de l'Unité. Alors elle me manque. Et la quête commence. Peu importe laquelle : professionnelle, personnelle, spirituelle...

Mais nous ne nous interrogeons presque jamais sur l'utilité ou l'efficacité de la chose.

Nous tentons d'améliorer le monde, la société et notre qualité de vie depuis des millénaires, cependant nous

---

16. À ce sujet, on lira avec bonheur *The Impact of Awakening* d'Adyashanti (un auteur américain) Éditions Open Gate Publishing.

n'avons pas encore trouvé le bonheur définitif. Même au niveau relationnel le plus intime, nous échouons souvent. Il suffit de regarder le nombre de divorces pour se rendre compte que nos relations affectives sont loin d'être parfaites !

Bien sûr les avancées technologiques sont merveilleuses, et nous avons fait des progrès en matière de psychologie, mais après tous ces millénaires nous sommes encore pris par des conflits de toutes sortes.

Pourquoi cet « échec » ? On peut parler des désirs de pouvoir ou d'argent qui mènent le monde. Mais nous ne résolvons rien. Ils sont là et nos luttes pour l'égalité n'aboutissent que très partiellement.

Si nous prenons le temps de nous y arrêter, ne sommes-nous pas obligés de constater que tout se passe comme si les êtres humains n'avaient pas tous les mêmes valeurs ? Alors même que ces valeurs, ces qualités essentielles – tels l'amour, le sens de la justesse, de l'égalité ou de la fraternité – sont le fondement de « l'humanité » et sont profondément inscrites au fond de nous, intangibles, et les mêmes pour tous.

C'est simplement qu'elles ne sont pas perçues : nous en sommes – apparemment – coupés.

Et si nous changions notre fusil d'épaule ? Si nous cessions de vouloir transformer les choses au prix fort et revenions simplement pour nous-mêmes à Ce qui Est, à ce qui vit au plus profond de chacun de nous ?

Nous ressentons l'Appel. Ce dernier est interprété comme un manque… Et transformé en désir.

Le désir et sa satisfaction ne seraient-ils alors que des dérivatifs ?

Précisons de suite plusieurs points avant d'aller plus loin :

- Il n'est pas question ici de dire que les désirs sont négatifs. Ils sont ce qu'ils sont, tout simplement.
- Il n'est pas non plus question de vouloir nous en débarrasser. Cela ne serait qu'un désir de plus, un remède pas meilleur que le mal, même si quelques maîtres spirituels – ou prétendus tels – ont dit le contraire. Il se trouve en fait que bien des paroles ou des écrits ont été mal compris ou mal traduits. Quant aux autres, nous pouvons peut-être tout simplement les laisser de côté. Voyons pourquoi.

Nous avons des désirs. C'est un fait. Et lutter contre ce qui se présente est comme lutter contre le fait que la terre tourne. Cela ne sert à rien d'autre qu'à dépenser inutilement une énergie qui pourrait être orientée autrement : notre planète continuera sa révolution orbitale quels que soient la force de notre pensée, notre degré de concentration et d'attention. Il en est de même de nos désirs : quels que soient la force de notre pensée, notre désir de changer, notre degré de concentration et d'attention, ils reviendront encore et encore jusqu'au jour où ils s'éteindront, sans que personne ne puisse s'approprier cette extinction.

D'ailleurs, une question se pose si l'on pense que les désirs devraient être supprimés : Qui a un problème avec les désirs, qui veut s'en débarrasser ? Qui prétend que tel désir est plus sain ou plus saint ? Pas « Je Suis », n'est-ce pas ? Vérifiez-le par vous-même.

Il est nécessaire qu'il y ait croyance en une « histoire » : celle d'un « moi » qui sera plus heureux sans tel ou tel désir, accompagné de la certitude de connaître ce qui est bon et bien.

Mais toute évaluation dans ce domaine est liée à des croyances personnelles non vérifiées et, en réalité, erronées. Enfin, désirer ne pas avoir de désir est encore un désir.

Nous n'en sortirons pas de cette manière. D'autant moins que l'idée d'un « moi » est une croyance et que le désir de ne pas avoir de désir est un conditionnement. Il est donc bel et bien inutile de suivre ce chemin plus longtemps.

Mais que faire alors ?

Rendre à César ce qui est à César… Et à Dieu ce qui est à Dieu. Ce qui signifie : regarder nos désirs, les accueillir, « être avec eux » sans plus remuer le petit doigt.

Autrement dit : cesser de chercher à les satisfaire, et goûter simplement leur présence.

Non comme une action ou un désir de plus mais comme une bienveillance envers nous-mêmes et envers ce qui apparaît en nous.

Que constatons-nous alors ? Je vous invite à en faire l'expérience maintenant. Prenez un désir, n'importe lequel – bien sûr les besoins vitaux, liés à la survie, tels manger, boire ou dormir, ne sont pas concernés.

Choisissez par exemple l'envie de rencontrer le compagnon ou la compagne de vos rêves ou simplement de serrer le ou la vôtre dans vos bras, l'envie d'acheter une cafetière, de trouver l'emploi recherché, de vous baigner en mer des Caraïbes, de changer le monde, de manger un morceau de chocolat ou d'aller au cinéma… Peu importe au fond.

Revenez à « Je Suis », à la conscience d'être, à la sensation d'espace et de silence qui préexiste à tout ce qui apparaît en leur sein, tout en restant présent à ce désir et à ses manifestations corporelles. Ne faites rien d'autre. Et surtout, ne tentez pas de satisfaire ce désir. Restez avec.

Que constatez-vous ?

Prenez vraiment le temps de le faire, voulez-vous ?

*

*   *

Un frémissement dans la poitrine, une tension dans les jambes... Quoi exactement ? Et quoi d'autre ? Repérez très exactement vos sensations pures, et restez avec elles un moment.[17]

Que devient le désir ?

Remarquez-vous qu'il se suffit à lui-même, qu'il ne demande pas forcément à être satisfait ? Voire même qu'au bout d'un moment, il s'estompe puis disparaît ?

Rester avec ses désirs et avec leurs manifestations corporelles les modifient et vivifie l'expérience.

« Mais je ne veux pas ne pas avoir de désirs ! » clameront certains.

Ne vous faites pas de souci : la machine est bien rôdée, elle tourne toute seule ! Un désir est vu, accueilli et s'efface ? Un autre va prendre sa place dans quelques secondes ou minutes. Au plus tard demain matin à votre réveil.

Si un doute survient, souvenez-vous de la satisfaction que vous avez éprouvée au moment précis ou l'un de vos plus grands désirs a été satisfait.

Combien de temps êtes-vous resté sans aucun désir d'aucune sorte, hormis ceux liés aux besoins fondamentaux ?

Tout se passe comme si nous fonctionnions comme des machines à désir...

Pourquoi recherchons-nous à satisfaire nos désirs ? Simplement pour éprouver une satisfaction, c'est à dire l'absence de tension, l'absence de sentiment de

---

17. Les sensations corporelles « pures » – c'est à dire exemptes de toute interprétation – liées à des désirs ou à des émotions, sont souvent difficiles à repérer et les mots pour les décrire sont pauvres : tension, contraction, frémissement, sensation de chaud ou de froid, de poids, de torsion, de piqûre, de brûlure, etc.

séparation. Ne plus être séparé de l'objet de notre désir, ne plus éprouver de sentiment de séparation : même quête, voire : même combat.

Autrement dit, tant que nous éprouverons consciemment ou inconsciemment le moindre sentiment de séparation, aussi ténu soit-il, le désir renaîtra de ses cendres encore et encore.

Cela dit, avez-vous remarqué que la satisfaction s'accompagne toujours du même genre de sensations ? Avez-vous aussi remarqué que nous avons toujours besoin ou de plus ou de nouveau ?

Lorsque nous étions enfant, une pièce de monnaie suffisait à nous rendre heureux pour un bon moment. Aujourd'hui il nous faut beaucoup plus pour éprouver notre satisfaction d'enfant, n'est-ce pas ?

De même, nous désirons d'autres objets et/ou d'autres types d'expérience, encore et encore.

Toujours plus ou toujours autre.

Que se passe-t-il en fait ? Le désir et sa satisfaction ratent leur but : l'Unité, le retour à la Source. Ou plus exactement dit, ils ne les révèlent que de façon temporaire.

Les mots sont pauvres ici, mais l'on peut dire que, à la seconde même où se produit une « saisie » de la pensée « moi », où cette pensée « moi » « colle », cette dernière devient une croyance. Elle n'est plus perçue en tant que pensée mais prise pour ce que l'on est.

Alors un sentiment de séparation apparaît et la recherche commence.

Une quête sans fin tant qu'elle est orientée vers la satisfaction des désirs, tant qu'il n'est pas VU où elle prend sa source, tant qu'elle n'est pas rendue à elle-même, à Soi-même, à Cela.

En fait, d'une certaine manière, toute satisfaction comporte toujours les mêmes « ingrédients », les mêmes caractéristiques.

Pourquoi ?

Parce qu'en définitive elle ne fait que dévoiler ce qui a toujours été là dès que la tension à l'origine de la recherche disparaît : le Bonheur que nous sommes en réalité.

Autrement dit, encore une fois, soit il y a croyance en la pensée « moi » – pensée aussi attirante que le chant des sirènes et qui nous noie à coup sûr dans l'océan du « samsara » dont parlent les traditions orientales –, nous ressentons alors une tension et recherchons son « relâchement » à travers la quête du bonheur sous toutes ses formes ; soit cette pensée, même si elle se présente, est vue pour une simple pensée qui ne fait que passer, elle n'est plus crue et un doux bonheur souriant est quasiment toujours présent.

Attention ! Je parle de bonheur, pas de plaisir. Le plaisir peut très bien être présent avec ou sans disparition de la croyance en la pensée « moi ». La satisfaction, quant à elle, produit généralement une disparition momentanée de cette croyance. Le bonheur est alors révélé.

Prenons un exemple concret.

Vous êtes avec votre bienaimé(e), vous vous regardez et le désir d'exprimer ce que vous ressentez l'un pour l'autre naît. Vous vous enlacez et vous embrassez. Désir, plaisir.

Êtes-vous satisfaits ou non ?

Si oui, vous vous regardez un instant dans les yeux à nouveau et retournez à vos occupations, plein du souvenir de la rencontre, libre, vivant, ressentant l'amour, heureux. Pour un instant, le bonheur, entendez le sentiment d'unité, est là.

Sinon, vous vous serrez un peu plus fort l'un contre l'autre, vous embrassez encore, commencez à vous caresser… Jusqu'à « l'aboutissement », autrement dit jusqu'à ce que vous soyez satisfaits. Le désir et le plaisir étaient là d'un bout à l'autre. Mais la satisfaction ? Non, sinon vous vous seriez arrêtés plus tôt.

Remarquez-vous que cette dernière s'accompagne toujours d'une période souriante ?

Le désir et le plaisir sont par contre quasi systématiquement accompagnés d'une tension. Tension cherchant sa détente dans la satisfaction.

Certes, désir et plaisir alternent avec des moments de plus ou moins grande détente : tension – détente – tension – détente… Mais pas de relâchement complet.

Quant à la satisfaction, elle s'accompagne toujours d'une absence de tension qui révèle le bien-être préexistant. C'est pourquoi la détente ou la méditation sont recherchés par certains. Ils renvoient à ce bien-être « sans objet ».

Il en est ainsi dans tous les domaines, y compris spirituel.

C'est pourquoi certains affirment que tous les désirs se valent.

La seule différence est que si vous cherchez la satisfaction à travers une voie spirituelle, vous avez statistiquement parlant un peu plus de chances d'apprendre à « voir » les événements, les pensées, les sensations, les perceptions, les émotions, etc. pour ce qu'ils sont.

En dehors de cela, les chercheurs spirituels ne sont pas mieux lotis que les autres : comme tous les autres, ils recherchent le bonheur, la satisfaction, l'absence de tension, du sentiment de séparation, donc l'absence de la croyance en un « moi ».

À quoi en arrivons-nous ?

Un peu plus tôt, je proposais de rester avec les sensations liées au désir.

J'ai aussi parlé dans un chapitre précédent d'accueillir, d'être avec, et même de se laisser brûler par…

Le moment est venu de le faire.

Résumons tout d'abord :

- La félicité est notre nature ;
- L'identification à « moi » crée un sentiment de séparation qui nous coupe de ce bonheur ;
- Il s'ensuit une sensation d'Appel de la Source à Elle-même ;
- Cet appel est interprété comme un manque, ce qui engendre les désirs ;
- La recherche du « paradis perdu » commence alors, à travers la recherche de la satisfaction de nos désirs existentiels ;
- Ces satisfactions seront toujours temporaires car l'objet du désir est pris pour ce qu'il n'est pas : l'origine de notre satisfaction ;
- C'est en fait le relâchement de toute tension et l'absence de croyance en la pensée « moi » qui permettent de ressentir la joie qui a toujours été présente, en fond, comme le silence est toujours présent en amont de tout bruit et l'espace en amont de tout ce qu'il contient.

Par conséquent, aucune satisfaction de quelque désir que ce soit ne nous apportera ce que nous recherchons : un bonheur constant, une joie sans cesse renouvelée...

Il est donc inutile de continuer à courir après de tels mirages.

Cependant si, comme le soulignent certains, tout désir doit être abandonné, cela ne signifie pas que *nous* devons abandonner tout désir : agir ainsi est donner bien trop d'importance à un « moi » qui aurait tendance à se « densifier » un peu plus alors qu'il n'est qu'une ombre éphémère, une illusion, une pensée, un mirage qui ne deviendra jamais définitivement réel.

Alors simplement, prenez votre désir le plus cher : peut-être le désir d'éveil, ou celui d'avoir un compagnon ou une compagne, ou celui d'être heureux pour toujours, ou... Peu importe la forme que ce désir prend maintenant.

Accueillez-le, c'est à dire : restez avec lui avec autant de douceur, de calme et d'ouverture que possible, sans rien forcer cependant.

Ressentez en détail les sensations qu'il procure ; accueillez-les.

Accueillez aussi les pensées, les histoires que « moi » raconte à son sujet, belles ou moins agréables.

Revenez à la conscience d'être « Je Suis », un espace ouvert et libre ou tout peut apparaître et s'épanouir naturellement.

Percevez les tensions liées à ce désir, à l'histoire qui l'accompagne, et tout ce qui se manifeste maintenant. Rire ou larmes, frustration, colère ou joie... Absolument tout.

Constatez tout cela.

ET ne faites absolument RIEN. Absolument rien d'autre que de continuer à regarder, à accueillir ce qui émerge.

C'est là que peut apparaître cette impression de « se laisser brûler ».

Et cette sensation n'est même pas désagréable !

En fait c'est le désir qui est brûlé, et à travers lui, une cristallisation, une partie du « moi » ou, mieux dit : l'identification à la pensée « moi » se défait partiellement. Vous n'êtes pas brûlés, vous n'y perdez rien ! Au contraire, vous êtes rendu à vous-même en tant que Je Suis.

N'allez pas croire que le plaisir disparaîtra de votre vie. Bien au contraire, il sera plus vif. En fait, lui aussi, sera comme rendu à lui-même : une Présence, pleine.

Simultanément vous vous sentirez beaucoup plus libre et tranquille.

Votre capacité d'accueil sera telle que bien des choses vous feront au moins sourire et même souvent rire de bon cœur, du moins intérieurement.

Enfin, « Se laisser brûler » met petit à petit un terme à la quête, à cette recherche effrénée qui nous éloigne du but plus qu'elle ne nous en rapproche.

En réalité il est vrai que ni la quête – ni quoi que ce soit d'autre – ne nous en éloigne, sinon en apparence. Outre que Nous Sommes Cela et ne pouvons en être réellement distincts, la quête a la vertu d'un élastique : plus on tire dessus, plus la force qui le ramènera à sa position initiale sera élevée. Plus nous recherchons le bonheur dans le monde, plus la force qui nous ramènera à Ce qui Est sera élevée. Tôt ou tard.

Trois points méritent d'être approfondis maintenant :
- Le processus de la brûlure ;
- Le désir et le plaisir ;
- L'impuissance.

Je répondrai plus tard à l'inquiétude qui pourrait surgir chez certains chercheurs spirituels : « Mais si je lâche mon désir d'éveil, je ne vais jamais m'éveiller ! ».

En attendant de développer ce point, je leur propose les questions suivantes :
- Qui se dit cela ? En qui naît cette pensée, cette croyance, cette histoire ?
- Quelle est la réalité de ce « moi » ?
- Et même si croyance, histoire et « moi » étaient réels, qui s'en soucie ?
- Ou autrement dit : « Et alors ? ».

Ce n'est pas une plaisanterie. Prenez vraiment le temps d'explorer ces questions. Nous y reviendrons en détail plus loin.

Se laisser brûler

Répétons-le, « se laisser brûler » ne s'applique pas seulement au désir d'éveil. Mais nous ne désirons pas voir se dissoudre certains d'entre eux !

Puis-je vous inviter à regarder ce désir-là, et peut-être même à le laisser brûler ?

« J'ai envie d'avoir des désirs ; les désirs, c'est la vie ; et puis, je ne veux pas renoncer à... » Je vous laisse terminer cette phrase ou la modifier selon votre sensibilité personnelle.

Mais avant tout, précisons-le : ne pas avoir le désir de... ne signifie pas que ce qui est en rapport avec ledit désir ne se produira pas. ET avoir le désir de... ne signifie pas que ce dernier sera comblé.

Les exemples foisonnent.

Combien de fois l'un de nos désirs n'a-t-il pas été satisfait ?

Désir affectif, de réussite, de vacances, d'objet matériel...

Combien de fois avons-nous subi ou nous sommes-nous réjouis d'événements non désirés ?

Pensez à toutes les bonnes surprises qui ont jalonné votre existence. N'étaient-elles pas les bienvenues ? Peut-être désirez-vous être heureusement surpris, mais ce désir ne peut ni les susciter, ni les entraver.

De plus, lorsqu'un désir n'est pas simplement vécu pour ce qu'il est – un simple désir qui ne demande pas à être satisfait mais à être pleinement ressenti – il est souvent la source d'une tension intérieure et de peu de contentement.

Des exemples ?

Vous désirez découvrir l'homme ou la femme de vos rêves mais votre vœu ne se réalise pas. Vous désirez acquérir tel ou tel bien mais vous n'en avez pas les moyens.

Que ressentez-vous ? Est-ce agréable ? Quelles attitudes ou comportements adoptez-vous pour rencontrer l'âme sœur ou satisfaire l'un ou l'autre de vos désirs ? Quelles en sont les conséquences ? Est-ce sain ? Savoureux ? Libre ?

Ainsi, le simple fait de désirer crée souvent une sorte de prison intérieure dont nous ne pouvons pas sortir sauf, semble-t-il, à satisfaire notre désir.

Faites le test avec d'autres espoirs, attraits ou envies. N'est-ce pas souvent le cas ?

Quand êtes-vous libre du jeu du désir ?
Et qu'est-ce qu'être libre du désir ?

Ne serait-ce pas le vivre en tant que se suffisant à lui-même, ressentir que désirer est plein en soi-même et ne reflète aucun manque ?

Je désire gagner un million au loto, obtenir tel diplôme, connaître la relation parfaite, réussir dans la vie, être en bonne santé…

Puis-je simplement ressentir les effets de ces désirs dans mon corps, les savourer, et m'en amuser ? Libre, vivant, heureux et aimant les sensations et les pensées qui y sont associées…

Le problème est que nous pensons, à tort, que seule la satisfaction du désir nous libèrera de ce dernier. Il est vrai que la frustration est souvent au rendez-vous et nous fait réagir. Ce faisant, nous passons à côté de l'invitation offerte par le désir : être satisfait de l'éprouver.

Pourtant, si nous y regardons de près, nous avons déjà pleinement apprécié l'un ou l'autre de nos désirs. Et pas seulement parce que nous savions qu'il allait être comblé.

Certains désirs sont satisfaisants en eux-mêmes.

Et la frustration ne provient pas d'un désir non satisfait, mais du refus de cette non satisfaction.

En fait, selon cette optique, ce ne sont pas les désirs qui posent problème mais ce que nous en faisons. L'histoire que nous racontons autour d'eux. Par exemple, il arrive souvent que nos pensées nous fassent croire que le désir est en fait un besoin : « Je ne peux pas être heureux sans cela ».

Et si c'était faux ? Une fois encore, si nous cessions de croire sur parole aux histoires que raconte notre mental ?

Est-il si sûr que nous serions heureux avec un million d'euros et toutes les conséquences liées à sa possession ? C'est qu'il ne suffit pas de le dépenser, il faut aussi le gérer. Et puis la peur de perdre ce bel argent ou ce qu'il nous a permis de nous procurer ne va-t-elle pas ternir le bonheur escompté ?

Idem pour les relations affectives. Le partenaire idéal, la relation idéale, laissons cela aux contes de fées. Et qu'est-ce qui nous prouve que nous n'apprendrons pas beaucoup plus et finalement ne serons pas plus heureux seul que plus ou moins bien accompagnés ?

De façon ultime, toute relation ou absence de relation affective est idéale en soi. Mais il faut l'avoir vécu intérieurement pour le savoir.

Une autre objection fuse généralement : « Et le plaisir, comment voulez-vous que j'accepte de vivre sans plaisir ? Cela n'a aucun sens ! ».

Absolument. Cela n'a véritablement aucun sens et ne risque pas d'arriver.

Pouvons-nous raisonnablement penser qu'il se peut que nous n'éprouvions plus de plaisir à déguster un bon plat ? À écouter une musique qui fait vibrer notre cœur ? À chanter à tue-tête sous l'orage ? À danser sur un rythme endiablé ? À nager en mer ou à faire une bataille de boules de neige ?

Au fond de nous, nous savons très bien que ça n'arrivera pas, même si nous n'en avons pas la preuve. Parce qu'en fait, nous savons parfaitement que le désir, tel qu'il est défini habituellement, n'est pas nécessaire à tout cela.

Depuis Freud, on pense que s'il y a plaisir, il y a désir, éventuellement inconscient. Peu importe. Notre expérience est la suivante : les plaisirs de la vie quotidienne « arrivent ». Sans personne pour les éveiller.

Nous ne décidons pas d'avoir du plaisir. Il se produit. Nous ne décidons pas d'aimer chanter, nager ou jouer : c'est naturel, spontané, humain, pour ne pas dire tout simplement « animal », dans le bon sens du terme. Regardez des chiots ou des enfants jouer. Ont-ils l'intention de s'amuser ? De prendre du plaisir ? Non. C'est tout simplement naturel. Il en de même pour le plaisir sexuel comme pour celui de se rouler dans l'herbe.

D'un autre côté, avez-vous déjà essayé de vous forcer à avoir du plaisir, par exemple en mangeant une pomme insipide ? Est-ce que ça fonctionne ? Est-ce satisfaisant ? Comment vous sentez-vous ensuite ?

Le plaisir en définitive est naturel. Jamais construit, jamais stratégique.

Et il y a plus : hors de la prison du désir égotique, le plaisir s'épanouit, est accompli.

Nous le verrons en détail dans le chapitre suivant.

Peut-être avons-nous déjà porté un bon coup de canif au désir d'avoir des désirs.

Mais allons plus loin.

« Je désire continuer à avoir des désirs, les désirs, c'est la vie ! ». Prenez la liberté de formuler une phrase du même ordre vous correspondant mieux que celle-ci, si nécessaire.

Notez que « c'est la vie » est une pensée, une croyance, une « histoire » à propos des désirs. En effet, qu'en savez-vous en Soi ? En fait, rien. N'est-ce pas ? Cette pensée est un acquis, un conditionnement. D'ailleurs, les enfants ne naissent pas avec cette idée.

Et puis, pouvez-vous être sûr à cent pour cent qu'il en est bien ainsi ? Répondez pour vous-même en votre for intérieur.

Enfin, prenez le temps de percevoir toutes les conséquences de cette pensée sur votre vie et sur votre rapport aux désirs. Sont-elles si intéressantes, fécondes, positives que cela ?

Que de tensions, de crispations, de volonté, d'énergie gaspillée… Pour quoi au juste ?

Cette pensée vous apporte-t-elle une seule chose positive ? En avez-vous besoin pour éprouver des désirs et du plaisir ? Pour être heureux ?

Si ce n'est pas le cas, alors n'hésitez pas à l'abandonner. Votre liberté de mouvement sera bien plus ample. Les croyances rassurent faussement et masquent la vérité toute nue, tellement plus belle et plus satisfaisante.

Vous pouvez appliquer ce processus à toutes vos pensées :

1. Vérifiez systématiquement le fait qu'elles ne sont jamais vraies à cent pour cent.
2. Mesurez leurs effets sur vous et votre vie – leurs conséquences sont souvent désastreuses à plus ou moins long terme.

De fait, nous ne pouvons jamais être sûrs que nos pensées soient vraies à cent pour cent. Même celles auxquelles nous croyons « dur comme fer ». Si vous avez du mal à le voir, commencez peut-être par les mettre en perspective. Par exemple, inscrivez-les dans un autre contexte ou au sein d'une culture différente. N'hésitez pas à les remettre en question. Toutes.

Le seul risque que vous prenez est celui de la joie, du rire et de la liberté.

Peut-être aussi remarquerez-vous un moment de vide : l'absence de croyance libère parfois tant de place qu'on peut s'en sentir « défait ». Si cela vous arrive, regardez ce vide. Le plein vous attend, juste derrière. Car cette sensation de vide est encore une stratégie du mental.

Il nous faut ici distinguer les deux pôles du mental.

D'une part « le mental fonctionnel ». Celui qui apprend à lire et à compter, invente et planifie simplement. Celui-ci ne pose aucun souci.

D'autre part « le mental discursif »[18]. Celui qui raconte des histoires, joue des stratégies de pouvoir, force les croyances, refuse ce qui arrive, veut obtenir ce qu'il désire, parfois coûte que coûte, et génère culpabilité, honte et bien d'autres sortes de mal-être. Celui-là est la source de toutes nos souffrances.

Mais regardons de plus près le désir d'avoir des désirs.

Quelles sensations procure-t-il ? Quelles émotions, quelles autres pensées y sont associées ?

Je vous laisse l'explorer en détail par vous-même.

Avez-vous remarqué que tout désir s'accompagne d'une ou de plusieurs tensions corporelles ? Avez-vous noté que le plus souvent, lorsque le désir n'est pas satisfait, cette tension devient si vive qu'elle est interprétée comme une frustration ? Avez-vous aussi vu que cette « frustration », en fait construite de toutes pièces par le mental – nous y reviendrons –, nous incite encore plus à satisfaire notre désir, quitte pour cela à utiliser des stratagèmes pas toujours recommandables ?

---

18. Ce terme est souvent utilisé par Marigal qui a écrit *Voyage vers l'insaisissable* publié aux Éditions Almora

Regardez tout cela de près si vous le voulez bien et posez-vous la question : désirez-vous voir tout cela se poursuivre ? Dans quel but au juste ?

Et n'oubliez pas : vous agissez ainsi, et les autres agissent de même à votre égard ! Et nous savons tous le malaise que cela crée en nous. Nous pouvons donc nous figurer celui que nous créons chez les autres. Tous ces « jeux » en valent-ils la chandelle ? Sont-ils réellement amusants ?

Bien sûr, nous en tirons parfois de vifs plaisirs. Mais à quel prix ? Et si nous prenions le temps de mesurer les conséquences désagréables des stratégies de toutes sortes, les nôtres comme celle de nos semblables, pour nous-mêmes comme pour eux ?

Je ne suis pas en train de faire le procès des désirs, je le rappelle. Ni même celui des stratagèmes en tous genres. Je ne fais que pointer du doigt les erreurs que nous commettons tous dès que nous entrons dans le cycle infernal engendré par nos croyances et nos conditionnements. Et plus encore : je souligne le prix que nous continuerons à les payer tant que nous nous y soumettrons.

Au sein du désir d'avoir du désir, nous découvrons presque toujours la peur de manquer, le souvenir d'un plaisir antérieur, et/ou la volonté d'être « normal ». Autrement dit, nous vivons en fonction de notre peur, du passé ou du futur, de l'attachement aux sensations éprouvées ou attendues, et laissons peu de place à la surprise…

Regardez le désir d'avoir du désir ou prenez n'importe quel désir qui pourrait surgir maintenant.

Comment se manifeste-t-il dans votre corps ? Quelles pensées ou émotions l'accompagnent ?

Jouez avec tout cela.

Revenez à Je Suis.

Souriez à vos désirs et à leurs manifestations.

Et restez avec.

Sans rien faire d'autre que les accueillir.

Restez avec les sensations.

Restez avec les émotions.

Restez avec les pensées.

Contemplez-les. Émerveillé, attendri, amusé, touché à en avoir les larmes aux yeux.

Laissez la gangue qui enserre votre cœur se briser comme le bois craque au feu avant de devenir cendre.

Laissez-vous brûler.

Encore et encore.

Laissez la sensation se déployer totalement en vous, occuper tout l'espace de votre conscience. Il y a la sensation, et il y a vous : espace, présence, conscience. La sensation apparaît en vous en tant que conscience, elle se déploie au sein de l'espace que vous êtes, et vous êtes totalement présent à elle. Vous restez conscient d'être conscience. Sans identification, sans contraction, sans peur, sans refus. Et si ces derniers apparaissent, laissez-les s'épanouir en vous avec le même accueil.

Acceptez l'impression de brûler. C'est juste une sensation de plus.

Laissez cette sensation s'épanouir elle aussi. Autant que vous le pouvez. Soyez doux avec vous-même. Aimant comme nous en avons parlé plus haut, de façon inconditionnelle, pour vous-même, pour ce que vous êtes en amont de tout ce que vous avez pu faire, dire ou penser.

Et si la culpabilité ou la honte surviennent, sachez-le : il n'y a aucun « péché », aucune erreur. Rien qui ne puisse être pardonné. Et même plus : pour le cœur aimant, il n'y a jamais rien eu à pardonner. Tout est compris et accueilli avant d'avoir pu être jugé.

Quels que soient les souvenirs qui remontent, les pensées, les émotions, les sensations, les regrets, les remords, les joies, les peines, laissez-les brûler au feu de l'Amour, de la Liberté, de la Présence.

Vous n'y perdrez rien. Rien de Ce que Vous Êtes. Seulement le plus que superflu : ce qui vous fait souffrir inutilement et vous emprisonne.

Laissez brûler ainsi vos pensées, vos croyances, vos désirs.

L'un après l'autre.

Avez-vous remarqué la peur ? Revenons-y un instant.

Peut-être vous accompagne-t-elle depuis un moment en lisant ces pages, ou bien vient-elle d'apparaître au cours de ce dernier chapitre ? Peut-être n'est-elle pas présente, ou reste-t-elle imperceptible ? Dans ce dernier cas, prenez un peu de temps pour voir si oui ou non vous la décelez en vous. Si vous ne l'y repérez pas, ne vous préoccupez pas de la suite. Nul besoin de se créer un problème là où il n'y en pas !

Mais si vous la ressentez, identifiez-la, voulez-vous ?

La peur de changer, la peur de perdre quelque chose : une certaine stabilité, une assurance, une adaptation sociale…

Mais aussi peut-être, au fil de ces dernières lignes, la peur de ne plus avoir de désir ou de plaisir, la peur de l'ennui, la peur de l'inconnu ou celle du vide. Ou encore la peur d'être submergé par l'émotion ou la sensation…

Quelle que soit cette peur, rencontrez-la. Peut-être même ne pouvez-vous pas lui donner de nom. Juste une angoisse. Peu importe au fond.

Découvrez ce qu'elle crée en vous, les sensations, les pensées, les histoires, les réactions, les émotions qui lui sont associées.

Accueillez-la. Offrez-lui un « oui » inconditionnel. Elle n'est pas votre ennemie. Plutôt une amie méconnue. Une simple réaction du « mental discursif » à ce qu'il ne comprend pas, à ce qui le secoue, à sa fragilité, à la conscience de son inexistence, à sa peur de disparaître…

La peur fonde le mental. Pas de peur, pas de mental. Pas de mental, pas de moi, et pas de souffrance non plus.

Tous nos problèmes proviennent de l'identification à « moi » et cependant l'idée de perdre cette identification nous confronte à l'idée de la mort, de la dissolution.

Le ressentez-vous ? Pas tant celle de la mort physique que celle de la dissolution de « moi » : l'arrêt de l'identification à la pensée « moi ». Arrêt qui verra disparaître cette ombre fantomatique, cette pensée qui n'a d'autre consistance que celle que nous lui prêtons ; arrêt que nous assimilons à la mort, souvent sans même nous en rendre compte.

C'est en effet tout à la fois ce que nous craignons le plus et ce que nous souhaitons le plus, plus ou moins consciemment.

Le « moi » peut être comparé à une bulle d'écume à la surface d'une vague. D'une part, une tension la maintient en tant que bulle – la croyance en la pensée « moi ». D'autre part, comme toute tension, celle-ci tend à se résoudre – La vision de la croyance pour ce qu'elle est et sa disparition. La bulle, entendez la croyance en la pensée « moi », éclatera forcément, tôt ou tard. Et cela est su ! La peur apparaît : « Que vais-je devenir ? » est-il pensé. Et le souhait de la disparition : « Mais quand cette tension, si désagréable, cessera-t-elle ? ».

En résumé, d'une part nous sommes très attachés à ce qui nous fait souffrir et voudrions le voir disparaître et d'autre part tout est fait pour le maintenir en « vie ».[19]

Ainsi, dès que la croyance en un « moi » est là, la peur de la mort est toujours présente, de même que le désir de l'absence de tension, donc de disparition, de « mort ». Consciemment ou non. Freud parlait de pulsion de vie et de pulsion de mort…

Mais comment la dissolution d'un mirage pourraitelle affecter l'oasis qu'il reflète ? Cela est impossible, mais nous l'oublions. Alors nous sommes encore et encore pris par la peur et par le désir.

---

19. On peut pousser la comparaison un peu plus loin : la bulle se sent en danger, emportée, impuissante, séparée de l'océan et même de la vague. Elle cherche à contrôler sa « vie », son mouvement, sa destinée… mais le vent qui agite la surface de la mer est définitivement le plus fort.

Pas d'échappatoire possible. Le piège parfait. Vous frémissez de rage impuissante ou refusez ces propos ? C'est aussi une stratégie visant à la survie d'une illusion appelée « moi ». Regardez-la en tant que telle.

Cependant, et c'est la bonne nouvelle, dès que tout cela est VU, la Joie, l'Amour, la Présence, la Paix… qui ont toujours été là, en fond, sont dévoilés.

Mais là maintenant, je vous invite à revenir à votre peur et à lui faire vraiment face.

Oui, une nouvelle fois, jouez avec tout cela.

Revenez à Je Suis.

Souriez à votre peur et à ses manifestations.

Et restez avec.

Sans rien faire d'autre que d'accueillir tout cela.

Restez avec les sensations.

Restez avec les émotions.

Restez avec les pensées.

Contemplez-les. Émerveillé, attendri, amusé, touché à en avoir les larmes aux yeux.

Laissez la gangue qui enserre votre cœur se briser comme le bois craque au feu avant de devenir cendre.

Laissez-vous brûler.

Encore et encore.

Laissez la sensation se déployer totalement en vous, occuper tout l'espace de votre conscience. Il y a la sensation, et il y a vous : espace, présence, conscience. La sensation apparaît en vous en tant que conscience, elle se déploie au sein de l'espace que vous êtes, et vous êtes totalement présent à elle. Vous restez conscient d'être conscience. Sans identification, sans contraction, sans peur, sans refus. Et si ces derniers apparaissent, laissez-les s'épanouir en vous avec le même accueil.

Acceptez cette impression de brûler. Autant que vous le pouvez. Encore et encore.

Oh, la peur ne disparaîtra pas en une fois ! Mais peu importe. Soyez doux avec vous-même. Aimant comme nous en avons parlé plus haut, de façon inconditionnelle, pour vous-même, pour ce que vous êtes en amont de tout ce que vous avez pu faire, dire ou penser en raison de la peur.

Et si la culpabilité ou la honte surviennent, sachez-le : il n'y a aucun « péché », aucune erreur. Rien qui ne puisse être pardonné. Et même plus : pour le cœur aimant, il n'y a jamais rien eu à pardonner. Tout est compris et accueilli avant d'avoir pu être jugé.

Et quels que soient les souvenirs qui remontent, les pensées, les émotions, les sensations, les regrets, les remords, les joies, les peines, laissez-les brûler au feu de l'Amour, de la Liberté, de la Présence.

Vous n'y perdrez rien. Rien de Ce que Vous Êtes. Seulement le plus que superflu : ce qui vous fait souffrir inutilement et vous emprisonne.

*

* *

Vous êtes conscient. Vous êtes conscient d'être conscient. Et même plus : vous êtes Conscience qui se sait Conscience, hors de toute perception. Vous Êtes, Espace, Présence.

Toute sensation apparaît en vous. Si vous n'intervenez pas, elle se déploie naturellement en vous puis elle se dissout sans laisser de trace, sinon peut-être, lorsque cela est vu, un étonnement mêlé d'émerveillement.

Surprenant, n'est-ce pas ?

L'espace de la conscience est toujours présent, mais après avoir été totalement occupé par telle ou telle sensation ou par toute autre expérience, il paraît à nouveau totalement « vide ».

Par contre, si nous ne laissons pas la sensation se déployer au sein de cet espace, elle demeure présente. Plus ou moins consciente, mais toujours présente.

Autrement dit, plus nous laissons être en nous ce qui y naît, s'y déploie et s'y dissout naturellement, plus tout cela ne fait que nous traverser, comme l'eau s'écoule dans le lit d'une rivière ou comme une mélodie enchante nos oreilles.

Ainsi, toute contraction, tout refus, toute peur, aussi ténus soient-ils, maintiennent « en vie » – inutilement ! – ce qui apparaît en nous : sensations, émotions, pensées...

Nos émotions ne perdurent pas d'elles-mêmes mais seulement en raison de la contraction que nous créons autour d'elles, par refus ou par peur.

Ce qui arrive est telle une composition musicale.

Lorsque nous écoutons une belle musique, ne laissons-nous pas les notes s'écouler naturellement, sans jamais chercher à les retenir ? Ne laissons-nous pas l'écoute simplement être ? Elle nous habite tout entier, sans nul besoin de penser que nous sommes la musique.

Imaginez retenir telle ou telle note d'une symphonie, la rejouer sans cesse, et même : imaginez être cette note et seulement celle-là.

Cela devient vite crispant !

C'est exactement ce que nous faisons habituellement avec tout ce qui nous tracasse ou nous fait souffrir.

Nous le retenons, le rejouons, nous y identifions. Sans nécessité.

« Oui, mais... » objecteront certains « il a fait cela, je ne peux quand même pas lâcher sans réagir ! », ou bien « Je n'y arrive pas, je souffre trop », ou... Peu importe au fond.

Dans tous les cas, il y contraction, refus, peur... Contraction qui maintiendra bien vivante la sensation désagréable, la blessure personnelle.

Accueillir tout cela comme je viens de le proposer. Rester vigilant aux « histoires » associées afin qu'elles se dévoilent dans leur totalité. Alors le passé est lâché et laisse simplement la place à Ce qui Est, et à ce qui arrive aujourd'hui. Liberté, Sourire, Vie... Bonheur.

Mieux que le plaisir, son accomplissement

Le plaisir est le plus souvent associé de manière plus ou moins inconsciente au bonheur.

Ce n'est cependant pas le plaisir qui nous renvoie à la félicité, mais l'absence de tension.

Bien sûr, le plaisir est plaisant. Mais en lui-même, il ne procure pas le bonheur. Quant à ce dernier, il se suffit à lui-même. Il n'a pas besoin du plaisir. Nous pouvons certes avoir du plaisir à être heureux, mais le bonheur se passe de cette émotion et de l'histoire qui lui est liée.

Si par exemple nous suivons l'un de nos travers, nous finirons peut-être par ressentir un certain plaisir. Peut-être même éprouverons-nous une certaine satisfaction. Mais serons-nous comblés ? Éprouverons-nous un réel bonheur ?

Avez-vous aussi remarqué que nos « bizarreries » ne sont jamais définitivement calmées ? La frustration demeure. Notre travers peut certes être satisfait, mais pas ce qui le motive : un manque affectif ou de reconnaissance, un sentiment d'injustice, un besoin de compensation, etc.

Désir, plaisir et satisfaction sont des expériences liées à notre nature existentielle. Le bonheur est tout autre. Il Est qui Nous Sommes. Il précède tous ces états qui, en fait, apparaissent en lui, sans l'affecter. Il est, en définitive, sans objet.

Revenez encore une fois à la conscience d'être : « Je Suis ». Comment vous sentez-vous alors ? Sans question, sans tracas, sans désir… sans même de plaisir. Peut-on parler de satisfaction ? Non plus, même si la sensation s'en approche.

Seulement cette douce tranquillité souriante et naturellement heureuse, reflet – ce n'est effectivement qu'un reflet – de Ce qui Est.

D'une façon générale nous recherchons le bonheur, alors même que nous sommes la Félicité sans contraire !

Et nous le recherchons à travers le plaisir ou à travers la satisfaction de nos désirs, qui tous deux ne peuvent que révéler, ou non, le bonheur qui est déjà là.

De plus, confondant la satisfaction avec le bonheur, nous pensons que lorsque nous sommes « en bonheur » nous n'éprouverons plus de plaisir.

C'est inexact.

D'ailleurs, comme je le disais plus haut, nous avons déjà éprouvé le plaisir d'être heureux. Et ce plaisir n'est qu'un très pâle reflet de ce que le bonheur apporte à l'expérience !

Je vous propose d'effectuer un retournement.

Non plus de partir à la recherche d'une satisfaction pour atteindre un bonheur, prétendument « mérité » – tel l'amour du travail bien fait – ou non. Mais de revenir à votre nature heureuse et, lorsque cela se présente, d'expérimenter le plaisir et la satisfaction, librement, c'est à dire sans aucune contraction, sans aucune stratégie, sans aucun désir.

Ou, autrement dit, revenez d'abord à votre nature : la tranquillité douce. Le reste vous sera donné de surcroît.

Le reste ? Une satisfaction et un plaisir qu'il est difficile d'imaginer, qui apparaissent parfois dans des circonstances qui ne nous auraient jamais amusées auparavant, accompagnés de – et non pas « remplacés par » – un sourire qui se transforme en rire ou en une effusion d'Amour, purs.

Faisons ici un retour sur cette crise de colique néphrétique que j'ai faite il y a quelques années.

Rien d'amusant pour le « moi » !

Souvenez-vous. Une douleur si aigüe qu'elle fait vomir. J'étais là, seul chez moi, avec cette douleur, attendant le prochain spasme.

Une fraction de seconde s'est écoulée.

Puis « l'histoire » mentale est apparue, en quelques millièmes de secondes.

À la seconde précise ou cette histoire a été vue, n'émergeant de nulle part, sans relation directe avec les sensations, elle s'est dissoute. Et avec elle, la possibilité d'une souffrance.

En l'absence d'histoire personnelle, aucune souffrance, que nous avons définie comme « psychologique », liée à des pensées, n'est plus possible. Seule peut demeurer la douleur, que nous avons définie comme « corporelle ».

Sans la possibilité de souffrir, la liberté, mais aussi le bonheur, l'amusement, le rire, l'étonnement, l'émerveillement, l'amour... sont libres « d'apparaître » et de se manifester pleinement. Parce qu'ils sont naturels, notre essence même. Ils se révèlent, spontanément.

Amusé, étonné et émerveillé de quoi ? Tout simplement de ce qui était en train de se produire.

Toutes ces sensations étaient réellement expérimentées pour la première fois.

Chacune d'entre elles, à chaque milliseconde.

Et sans aucun jugement ni aucune identification à « moi » ni au corps, elles apparaissaient, étaient ressenties, vivaient leur vie et disparaissaient, disons : en « Moi ». On pourrait écrire : en « Je Suis » ou en « Cela ». Peu importe les mots.

Des sensations nouvelles, à chaque instant, réjouissantes en elles-mêmes, quelle que soit leur nature.

Approfondissons cette notion de paradis sur terre voulez-vous ?

Il n'a rien à voir avec la paix dans le monde, l'absence d'injustice ni quelque autre événement.

Il Est, de fait, déjà maintenant. Avant même que la terre n'ait commencé à tourner.

« L'enfer, c'est les autres », seulement pour les « morts-vivants » dont nous parle Sartre, pour ceux qui suivent les habitudes mentales, croient aux jugements que les « autres » portent sur nous tous et qu'ils portent sur eux-mêmes. L'enfer est fait de notre attachement à nos pensées, de nos croyances. De rien d'autre.

L'histoire que raconte le mental est crue « sur parole », sans être vérifiée ; elle est prise pour « moi », crée l'illusion d'un individu séparé à qui il manque quelque chose et qui est soumis au jeu de la vie, et le tour est joué.

« Je », « Cela », s'est « oublié » Lui-même, pourrait-on dire.

Et lorsque cet apparent « moi » cède la place, le paradis est à nouveau perçu. Il n'a jamais cessé d'être ! Nous avons seulement arrêté de le voir, « tourné notre attention vers les objets des sens ». Nous avons pensé et cru que la douleur était à l'origine de la souffrance.[20] L'arbre de la connaissance du bien et du mal. Le fruit défendu. Celui qui en mange sera chassé du paradis et souffrira. Celui qui ne connaît rien à cette histoire vit heureux, dans la douleur comme dans le plaisir. Il ne juge pas et n'est pas jugé…

Le paradis Est. Il suffit que toute croyance soit lâchée pour s'en apercevoir.

---

20. Ici encore, les pronoms personnels sont trompeurs. Ils se réfèrent à Cela, à Je Suis au lieudit « telle ou telle personne », pas à un individu séparé, pas à un « moi » agissant, acteur de l'oubli et des croyances.

Même si ces propos paraissent incroyables, s'il vous plaît, ne rejetez pas la possibilité que je décris ici.

Si des émotions, un doute sur la réalité de ce que je partage avec vous ou d'autres pensées perturbantes apparaissent, voici une belle occasion de les accueillir et de les regarder. Il vous est offert la possibilité de découvrir des croyances auxquelles vous teniez ou auxquelles vous étiez identifiés jusqu'à présent.

Si vous éprouvez un sentiment de connu, une sorte de « Oui » intérieur, quelque chose comme : « Je le savais ! », même si vous n'avez jamais expérimenté ce que je décris, d'où peut-il bien provenir sinon de cette intériorité qui SAIT et qui se révèle de temps à autre ?

Mais permettez-moi de partager une autre expérience.

Je parlais un peu plus haut d'amusement, d'étonnement et d'émerveillement.
Ces caractéristiques peuvent apparaître à tout moment, dans tous les domaines.
Les relations sexuelles comprises.
Dans tous les cas, l'illusion d'un « moi » disparaît et laisse la place à « Je Suis ».

Même si les mots ne nous révèleront jamais le goût de la mangue, tentons de détailler ce qui arrive alors.

D'une façon générale, nous sentons notre corps et l'amour que nous portons à l'autre, et nous nous attribuons cela : nous pensons « je » ressens, « je » aime.
Et c'est délicieux.
Mais le principal est « oublié » : ce que Nous Sommes en fond.
En tant que « Je Suis », conscience non conditionnée, les sensations, les pensées, les sentiments apparaissent *en* nous.

Nous n'en sommes pas séparés.

ET simultanément, nous ne sommes plus identifiés à eux.

Nous les ressentons et les vivons pleinement, nous sommes pleinement engagés ; ET nous en sommes les témoins, totalement libres.

L'expérience ?

Le corps vit sa vie de corps, il se meut de lui-même, de façon autonome, à son rythme, en accord avec celui de sa compagne. Il est VU que les corps sont librement en phase. Pas de conditionnement. Un simple mouvement naturel.

Le sentiment d'amour est pleinement présent, et il réjouit le cœur. Lui aussi est totalement naturel. Existentiel, certes, mais naturel.

Le tout est pleinement conscient et savouré *dans ses moindres détails*. Et cela mérite d'être souligné. C'est pourquoi je parle « d'accomplissement » du plaisir. Vocable que je préfère à celui « d'épanouissement » même si les mots ne pourront jamais décrire la chose.

Le mot « pleinement » est sans doute celui qui décrit le mieux ce vécu, il revient d'ailleurs fréquemment au fil des dernières pages. Le plaisir est « accompli », comme « achevé », « parfait », « total », « complet » en lui-même et par lui-même. Non pas dans le sens d'extraordinaire, mais dans le sens de plein.

Par comparaison, une maison est « achevée » lorsque les rideaux sont posés aux fenêtres. Résonne alors un « Oui » intérieur, complet, total. Nous « habitons » pleinement ce « lieu ». Ou, dans le cas présent, l'instant.

Il est difficile de dissocier les caractéristiques « étonné, amusé et émerveillé ». Laquelle est la première ? Laquelle domine ? Elles semblent apparaître simultanément et se répondre l'une l'autre.

Je suis amusé d'être étonné, amusé de l'expérience, amusé de ces sensations si précises, de la non identification, et même de l'engagement total.

Étonné de la précision du ressenti émotionnel et corporel, étonné de l'expérience, étonné d'être amusé, et même étonné de cet émerveillement si pur et si total.

Émerveillé de l'expérience, des sensations, des sentiments. Un émerveillement total qui ne laisse la place à rien d'autre alors même que l'étonnement et l'amusement sont concomitants.

Avec la saveur sans cesse renouvelée, à chaque instant, d'une « première fois ».

Tout ce qui est ressenti et perçu forme une globalité jamais vécue auparavant. Chaque instant est totalement nouveau.

Je n'ai pas détaillé tout cela plus haut, en parlant de la douleur liée à la colique néphrétique et des vomissements associés. Mais l'étonnement, l'amusement et l'émerveillement sont très semblables. Pas de différence majeure, une réelle similitude. Le même sentiment : « Tout est 'parfait' ; tout est 'accompli' », sans les mots pour le dire.

Sans « histoire », hors de tout conditionnement, sans la sensation d'être un individu séparé, tout arrive au sein d'un Amour tranquille et plein.

Nous pourrions aussi dire que nos qualités non conditionnées refont surface et deviennent perceptibles. Elles n'ont jamais cessé d'être présentes. Elles étaient simplement voilées par le sentiment d'être « moi », tout autre, séparé.

Autrement dit, notre vie se déroule au sein même de l'amour, inconditionnel et pur, de la tranquillité, du sourire, de la joie… de Cela. Jamais ennuyeux ! Je le répète : une sensation de nouveauté à chaque instant.

Oui, chaque instant est neuf, pleinement vécu, avec intensité et douceur, profondeur et justesse, délicatesse et sourire : une création pleine et entière à elle seule. Une joie sans cesse renouvelée.

ET tout apparaît au sein même de Cela : le temps, l'espace, vous, moi, et chacune de nos expériences.

TOUT est toujours là. ET telle ou telle qualité est tour à tour plus perceptible, comme si elle émergeait du « fond » – Cela – pour prendre « forme » – l'une ou l'autre de ses qualités.

Vous regardez un paysage. Tel détail attire votre œil, puis un autre, et encore un autre. Puis votre regard se retire des détails et revient à l'ensemble. Et ainsi de suite.

Mais le paysage et tous ses détails ont toujours été là. Les détails sont simplement plus ou moins perçus à tel ou tel moment.

Sur la toile de fond, toujours souriante, tantôt l'amusement, tantôt l'amour, souvent au point d'être touché aux larmes, tantôt la sérénité, la joie ou la Présence, etc. sont plus perceptibles.

Peu importe « l'événement » qui apparemment les fait naître : la douleur, le plaisir, attraper la salière, entendre une chanson, voir un oiseau s'envoler, une vague sur l'océan, le mouvement d'une personne dans la rue… En fait, rien ne les fait jamais apparaître. Ils sont, de fait. Et se révèlent, ou non, à tel ou tel instant… ou définitivement.

La seule chose certaine est que, lors de ces instants bénis, tout Est, parce que Vous Êtes[21], sans personne pour le dire.

---

21. Titre d'un livre de Bernard, Éditions Les Deux Océans.

L'impuissance, quel soulagement !

Vous êtes-vous déjà trouvé dans l'impossibilité de vous souvenir d'une chose, de l'heure d'un rendez-vous ou de l'endroit où vous avez posé vos clefs ? Comme par hasard, cet oubli apparaît généralement au plus mauvais moment : par exemple lorsque le temps presse.

Quelle est votre réaction alors ? Souriez-vous, amusé ? Ou bien remarquez-vous plutôt une autre tendance ?

Pouvez-vous constater une « accroche » ? Un attachement à vous souvenir ? Et le sentiment d'urgence qui l'accompagne parfois ? « Il faut. Maintenant ! »

Mais la vie en a décidé autrement. Et il se trouve que, malgré les apparences, c'est elle qui décide !

Nous ne faisons rien pour oublier. Cela se fait. Et, d'une façon générale, nous ne pouvons rien faire pour ne pas oublier.

Mais le plus important ici, est de remarquer votre réaction à l'oubli.

Restez-vous calme, tranquille, amusé, étonné, aimant ? Ou non ?

Vous en prenez-vous à la planète entière en commençant par vous-même ?

Et sinon, quoi d'autre ?

Dans le premier cas, l'identification à la pensée « moi » est soit absente soit déjà assez lâche.

Dans tous les autres cas, l'oubli, l'impuissance, s'offrent à vous en tant qu'invitation à regarder votre identification à la pensée « je », « moi ».

Connaissez-vous aussi des moments où il vous est impossible de ne pas faire ou penser ou dire telle ou telle chose ? Peu importe quoi, au fond : impossible de ne pas manger tel ou tel aliment, de ne pas réagir fortement, émotionnellement, etc.

Impossible de ne pas... N'est-ce pas une forme d'impuissance ?

Avez-vous aussi noté le nombre de fois où vous ne pouvez pas effectuer ce que vous voulez faire ? Qu'il s'agisse d'une cure d'amaigrissement ou de méditer sans penser à autre chose, de résister à votre désir d'un carré de chocolat ou de ne pas vous mettre en colère ou à pleurer.

Impuissance encore.

Souvent, dans ces cas-là, on se rattrape en se disant : oui, mais...

Cela n'empêche pas que nous sommes souvent impuissants à ne pas faire ce que nous faisons quand même, « à notre corps défendant », comme à faire ce que nous ne voulons pas faire. Nous sommes souvent incapables de contrôler nos émotions et certaines de leurs expressions, de ne pas oublier, ou de résister à certaines tentations. Incapables aussi de percevoir les tenants et les aboutissants de certains comportements, conditionnements, réactions, pensées, attitudes, croyances, etc.

Et puis, pouvez-vous penser autrement que comme vous pensez ? Impuissance.

Et n'êtes-vous pas souvent incapable de convaincre quelqu'un ou d'expliquer quelque chose d'essentiel pour vous ? Impuissance.

Dans notre monde « moderne », dit « civilisé », l'impuissance a fort mauvaise presse. Le plus souvent, nous ne devons pas être ni même nous sentir impuissants. Ce sentiment est fréquemment vécu comme une faiblesse, et les conséquences peuvent nous paraître terribles.

En fait, accueillir notre impuissance fondamentale nous conduira probablement directement et naturellement vers une société plus civilisée, fonctionnant avec plus de souplesse, plus de naturel, plus de tranquillité et de rires.

Parce qu'enfin, en soi, qu'est-ce qu'oublier ses clefs ? Si l'on est simplement là, sans aucune pensée quant à l'avenir, même proche, rien de grave n'arrive. Il faut un stress, une peur de l'avenir ou des conséquences, un sentiment d'urgence, un jugement sur soi-même ou que sais-je encore pour que cet « événement » soit vécu plus ou moins dramatiquement. Bref, il faut une composante « mentale », la croyance en « moi » et en « mes obligations ».

Lorsque notre impuissance fondamentale et constitutive est pleinement acceptée, la libération qui s'ensuit est vraiment délicieusement tranquille et souriante.

Que nous le voulions ou non, nous sommes souvent impuissants, dans bien des domaines. ET voir en face et accepter véritablement cette impuissance est profondément libérateur.

Impuissance à ne pas souffrir ; impuissance à tomber ou ne pas « tomber » amoureux(se) ou enceinte ou au sol ou malade ; impuissance à guérir nos proches, à retenir l'être aimé, à faire régner la droiture, la justice, la probité, la fraternité, l'égalité sur terre…

D'une façon générale, nous luttons contre cette impuissance. Nous refusons de nous rendre à l'évidence de notre impuissance et à ses conséquences.

Nous refusons de rendre les armes, d'être défaits, de nous abandonner, de lâcher… Et ce faisant, nous ratons le meilleur.

Je ne suis pas en train de dire : « il ne faut rien faire ». Ce serait stupide.

Seulement de répéter que nous n'avons pas le pouvoir. Et surtout pas celui du résultat. Aucun démérite lorsque nous échouons, aucun mérite lorsque nos actions portent des fruits. « Refusez les fruits de l'action, qu'ils soient bons ou mauvais, ils ne vous appartiennent pas » énonce la *Bhagavad Gîtâ*, l'un des livres sacrés Hindous. Quelle vérité !

« Et Dieu endurcit le cœur de Pharaon afin que Sa gloire soit montrée » est-il écrit dans l'*Exode*. Quel choix avait Pharaon ?

D'ailleurs, ne vous est-il jamais arrivé d'être pris d'un léger recul alors que l'on vous remerciait ? En vous, vous savez que vous ne méritez pas d'être remercié : vous n'avez rien « fait ». Non que rien ne se soit passé, non que vous n'ayez pas agi ! Mais plus simplement : ce n'était pas « vous ». C'était. Cela a eu lieu. Naturellement, sans effort, sans « moi ».

Nous sommes impuissants à penser de telle ou telle manière, impuissants à avoir les parents que nous aurions aimé avoir et à être les parents que nous aimerions être, impuissants à être l'amant(e) idéal(e), impuissants à avoir ou ne pas avoir tel ou tel désir, à comprendre telle ou telle donnée scientifique, à décrocher tel ou tel emploi…

Impuissants à lâcher les choses, les gens, nos stratégies, nos adaptations, nos conditionnements, nos croyances, l'identification à « moi », individu séparé…

Impuissants à vivre Ce qui Est en permanence, à sortir du rêve, à voir tout cela comme un jeu ou une pièce de théâtre…

Commencez-vous à ressentir une sorte de « oui » tranquille en vous ?

Cesser la lutte contre l'impuissance. *Vous* ne pouvez pas le faire ! Cela se fait ou non.

J'écrivais plus haut : les choses se produisent ou non. Tout ne fait qu'arriver, et nous n'avons aucun contrôle sur les événements[22], quelles qu'en soient les apparences,

---

22. Ramesh Balsekar, auteur de nombreux ouvrages dont par exemple *Conscience à conscience* Éditions Accarias L'Originel, se plaisait à répéter : « Everything is a happening on which we have no control » que l'on peut traduire par : « Tout arrive de lui-même et nous n'avons absolument aucun contrôle sur cela ».

et quelle que soit notre révolte contre cette idée. Quant à cette révolte, si elle apparaît, nous n'y pouvons rien.

Et si ce que j'affirme est clair pour vous et vous laisse en paix, vous n'y pouvez rien. Et sinon, vous n'y pouvez rien non plus.

Quelle tranquillité alors, une fois passée la frustration ! Plus de torture mentale pour essayer de comprendre, plus de volonté d'y arriver « à tout prix », plus de jugement...

C'est ainsi. C'est bien ainsi que cela est. Et il est bon qu'il en soit ainsi. Même si nous ne savons pas pourquoi, même si cela ne nous convient pas.

Qui sommes-nous pour affirmer le contraire ?

La Vie ne sait-elle pas mieux que nous ? N'a-t-elle pas son Intelligence propre, elle qui porte « l'évolution » ? Regardez le fonctionnement humain. Celui du corps, celui des émotions, des pensées... Observez la Création dans toute sa richesse. Ne faut-il pas une « intelligence » exceptionnelle pour créer cela ? Bien sûr, la Vie ne pense pas. Mais son intelligence n'en est pas moindre pour autant. Et même bien plus belle à mon sens. Aucune pensée ne lui est nécessaire pour être optimale.

Je vous invite à laisser un instant s'épanouir *en* vous cette idée d'impuissance. Évidemment nous sommes capables de très belles choses ! Mais cette impuissance n'en est pas moins là et, je le répète, constitutive de notre nature, fondamentale.

Pourquoi la rejeter sans cesse ?

Acceptez-vous de la rencontrer directement, maintenant ?

Dites-lui « oui » un instant. Vous pourrez la refuser à nouveau ensuite si vous le désirez. Mais si vous le voulez bien, laissez-vous la goûter un instant.

Laissez-la vous traverser et même laissez-vous brûler par elle.

Que se passe-t-il alors ?

Remarquez-vous que ce « oui » vous apporte une paix tranquille ?

Un mouvement de rébellion peut s'élever : « Non, je ne veux pas penser que je ne peux rien faire pour ou contre… ! » Quelle que soit la fin de la phrase, regardez ce mouvement en vous. Accueillez-le lui aussi. Comme un enfant rebelle.

Je ne suis pas en train de dire que vous ne pouvez rien faire. Je vous propose seulement de vous réconcilier avec une part essentielle et très productive qui vit en chacun de nous.

Car l'impuissance accueillie produit de très beaux fruits.

N'avez-vous jamais remarqué que les choses ne se débloquent parfois qu'après que vous ayez lâché prise ? Vous expliquez cent fois la même chose à quelqu'un. Et puis vous cessez de tenter de lui faire comprendre. Et tout à coup, vous êtes entendu. Ou pas. Mais si le lâcher prise est réel, cela n'a de toute façon plus aucune importance, vous restez souriant. Et ce sourire pacifie.

Les exemples de ce type foisonnent dans le domaine des relations humaines : en médecine, en psychothérapie, au sein du couple ou des relations familiales…

Einstein expliquait qu'il allait jusqu'au bout de ce qu'il pouvait faire puis qu'il lâchait et allait se promener et contempler la nature. La compréhension apparaissait souvent en lui, lorsqu'il avait cessé tout effort. Et parce que lorsqu'il était allé au bout de l'effort possible, un lâcher prise se produisait : impuissance acceptée. Certains ont besoin d'aller ainsi jusqu'où leur mental peut aller. D'autres pas. Peu importe.

Alors encore une fois, revenez à « Je Suis ». Et laissez ce sentiment d'impuissance se déployer en vous. Accueillez-le jusqu'à ce que vous lui souriiez, en paix, tranquille.

Accueillir l'impuissance s'accompagne de l'arrêt de la lutte. Pas de l'arrêt de tout changement. Bien souvent, au contraire, les choses changeront plus vite, dans un bien meilleur climat, et plus définitivement. Sans même la volonté de les modifier. Parce que les changements ne s'opéreront plus par réaction, soumission, ou volonté. Mais à partir d'un « oui » intérieur. Accepter notre impuissance renvoie à nos qualités fondamentales, celles qui fondent notre humanité : l'amour, la paix, la bonté, la justesse, etc. Ainsi, accueillir notre impuissance est source de solutions et de paix existentielles.

Réaliser notre impuissance, c'est aussi savoir que nous ne pouvons rien faire pour mettre définitivement fin à notre sentiment de séparation. Aucun effort, d'aucune sorte ; aucune lutte contre notre mental, nos conditionnements, nos croyances ou quoi que ce soit d'autre, ne nous mènera à « réaliser » l'erreur que nous commettons en croyant en la pensée « moi ».

Aucune volonté. Aucun désir. Aucune pratique. Rien.

Cela ne nous appartient pas. Se produit. Ou non. Et n'a d'ailleurs rien à voir avec « moi », qui n'est qu'une pensée.

ET ceci ne signifie pas qu'il ne faut rien faire !

Et dans tous les cas, comme nous le verrons en détail plus tard, cela n'a, *en Soi*, absolument aucune espèce d'importance.

J'affirmais plus haut que l'impuissance était un soulagement. En fait, il s'agit du *sentiment* d'impuissance.

Bien sûr, il n'est libérateur que lorsqu'il est pleinement accueilli.

Tellement moins de pression ! Plus besoin de se souvenir, de réussir, de savoir, de convaincre, etc. « à tout prix ». Nous pouvons toujours faire de notre mieux, et nous savons que c'est ce que nous faisons.

Mais nous sommes libérés de l'obligation de performance. Elle ne nous appartient pas. « Les fruits appartiennent à Dieu seul » est-il écrit dans la *Bhagavad Gîtâ*.

Alors quoi ? Nous agissons selon notre degré de conscience et nos aspirations, du mieux que nous pouvons, sans nous « prendre la tête ».

Vous aimez méditer ? Vous méditez. Vous n'aimez pas méditer ? Vous ne méditez pas. C'est aussi simple que cela.

Penser que l'un est plus méritant que l'autre est une catégorisation mentale, rien de plus. Tout comme de croire que ceux qui méditent arriveront au « but » et pas les autres. La Vie rit de bon cœur et peut nous faire rencontrer des « éveillés » qui n'ont jamais médité.

Je le répète, je ne suis pas en train de dire qu'il ne faut pas méditer – ou quoi que ce soit d'autre – ni que cela n'est d'aucune utilité. Je propose d'accueillir et de suivre sa nature.

N'est-ce pas sain ? Libérateur ?

Qu'est-ce qui a bien pu nous faire penser le contraire ? Pourquoi sommes-nous aussi tributaires du besoin de réussite voire de « toute puissance » ? Pourquoi craignons-nous autant l'impuissance, l'échec, le non savoir, et toutes ces choses qui nous emprisonnent seulement parce que nous les craignons ?

Qu'est-ce qui nous empêche de simplement suivre notre nature profonde et saine sinon nos conditionnements, nos peurs, nos jugements, nos croyances ?

Nous désirons avoir le contrôle sur notre vie et même sur notre environnement. Regardons où cela mène notre monde dit « moderne ». Que de souffrances inutiles nous imposons-nous et infligeons-nous à nos enfants et plus généralement à la planète ! N'est-ce pas pure folie ?

Accueillir simplement ce qui est, ce qui arrive. Et notre impuissance fondamentale.

Être libéré de nombreuses fausses obligations créées de toutes pièces, qui nous compliquent la vie, et que nous ne pouvons de toute façon pas satisfaire.

Retrouver le bonheur et la paix qui nous constituent.

N'est-ce pas un meilleur programme que la volonté déraisonnable et inatteignable de tout contrôler ?

Alors il est temps maintenant de répondre plus en détail à l'inquiétude de certains chercheurs spirituels : « Mais si je lâche mon désir d'éveil, je ne vais jamais m'éveiller ! ».

Pour en finir avec la quête

Dès la plus tendre enfance, on nous a inculqué l'idée de mérite.

Si nous travaillons bien, nous aurons une belle carrière et nous serons heureux.

Si nous méditons plusieurs heures par jour, nous atteindrons l'éveil.

Les exemples contredisant cette croyance sont légion mais cette dernière n'est pourtant généralement pas remise en cause.

Combien de fois a-t-on vu le juste mal récompensé et le fourbe devenir riche et puissant ? Combien de fois nous sommes-nous donnés du mal pour de piètres résultats alors que d'autres obtenaient plus en ne faisant rien ou presque ?

On nous a aussi vendu l'idée d'un futur meilleur. Nous engrangeons aujourd'hui les bonnes actions pour aller au paradis ou avoir une vie plus belle. Que ces croyances soient vraies ou fausses, utiles ou non, n'est même pas la question.

Tous ces systèmes nous inféodent au temps, au futur, au mérite, à l'idée que nous sommes l'artisan de nos vies... Donc à l'idée d'un « moi ». Comment se débarrasser de cette idée en s'appuyant sur des croyances qui lui confèrent une réalité si solide qu'elle n'est plus remise en question ?

Une fois de plus, je ne dis pas que toutes ses façons de voir sont bonnes ou mauvaises, justes ou non. Elles ont leur utilité existentielle. Mais, telle un mirage ou le monde du rêve, elles ne sont pas définitivement réelles. En ce sens, un jour ou l'autre, il vaut mieux les regarder de plus près et s'en libérer. Ce qui ne signifie pas les rejeter.

Deux bonnes nouvelles.

La première : nos stratégies pour advenir nous ont amenés à cette impasse qui nous permet de voir plus clair aujourd'hui.

La seconde : nous n'avons pas besoin d'acquérir ou de mériter quoi que ce soit.

Et une troisième, au risque de me répéter : la Félicité est notre nature. Pas notre droit de naissance ! Nous n'avons aucun droit dans ce domaine. Nous Sommes Cela, le Bonheur même. Nous ne le méritons pas, nous n'y avons pas droit : Nous Le Sommes.

Les conséquences ?

Les pratiques spirituelles et la disparition de l'idée d'un « moi » séparé ne sont pas intimement liées.

La « compréhension » de Cela – en tant qu'évidence intérieure – est, d'un point de vue existentiel, plus importante que les pratiques.

Tout *volonté* d'obtenir cette « chose » appelée « éveil », toute *stratégie* déployée pour ce faire, constitue plutôt un frein qu'un accélérateur... Sauf si, à un moment donné, la tension devient telle que tout est lâché, abandonné, en raison même de ce sentiment d'impuissance dont nous parlions plus haut. L'idée d'un « moi » faisant quelque chose pour... ne peut que renforcer la pensée « moi », source des problèmes.

Certains affirment que le « moi » doit lâcher. Mais ce qui est appelé « moi » ne peut le faire de lui-même car « moi » est une pensée. Et tout ce qui est fondé sur cette pensée crée une tension, une accroche, une « prise ». Même le désir de lâcher.

En effet, dans cette optique, qui désire lâcher ? Le prétendu « moi ». Si un lâcher prise se produit, il est attribué à « moi », comme les cadeaux sont attribués au Père Noël. Cette attribution d'un acte et de son résultat renforce la croyance en l'existence d'un « moi » et ne laisse plus de place au doute à propos de sa réalité.

Toujours dans l'optique de l'existence d'un « moi » : qui croît qu'il doit pratiquer pour atteindre l'éveil ? Le moi, encore une fois. Pas de moi, pas même de notion d'éveil ! Revenez à la conscience d'être « Je Suis ». Le désir ou le concept d'éveil l'habite-t-il ?

Et puis, pourquoi rechercher l'éveil ? Dans quel but ? Qu'en attendons-nous ?

L'expression de qualités merveilleuses ? Seul ce qui est pris pour « moi » s'en soucie, pas « Je Suis ».

Le bonheur simple ? De même.

L'amour des autres, la reconnaissance, le cœur ouvert ? Pareil.

Répétons-le : seul l'apparent moi se soucie de l'éveil. Alors que réaliser son absence est justement ce que l'on appelle habituellement l'éveil. La croyance en un « moi » séparé, la croyance en la pensée « moi », disparaît avec celui-ci. Et cette pensée « moi » est associée à une pensée de dissolution, de peur de disparaître, de mort. N'est-ce pas une situation ubuesque ? Un prétendu « moi » ayant prétendument peur de disparaître ferait tout ce qu'il peut pour disparaître. Et cette histoire n'est même pas mise en doute !

L'aveuglement. Et bien aveugles sont ceux qui croient qu'ils peuvent guider « quelqu'un » vers le bonheur ou l'éveil : ceci sous-entend la croyance en la pensée « moi ».

Mais lorsque cela est VU ! Le jeu est révélé, dans toute sa splendeur. Et le sourire, voire même le rire, pleins d'un amour débordant, ne peuvent pas être retenus.

Cependant, plus l'apparent « moi » désire l'éveil, donc disparaître, plus il se renforce… *apparemment*. Car comment une apparence pourrait-elle réellement se renforcer ou un mirage devenir plus réel ?

Mais il y a plus : comment une pensée pourrait-elle lâcher quoi que ce soit ? Comment pourrait-elle s'éveiller à quoi que ce soit ? Elle ne peut qu'apparaître et disparaître. Le « moi » n'est qu'une pensée à laquelle il est « cru », et par conséquent prise pour une réalité certaine alors que, répétons-le, il est aussi peu consistant qu'un mirage.

« Moi » ne s'éveillera jamais.

Le moi est une pensée, une idée, une croyance, un sentiment, une sensation corporelle. Un mirage, une illusion, un fantôme... Il lui est impossible de devenir « définitivement réel ».

Regarder de près. Vous dites « moi », mais qu'est-ce ? Le trouvez-vous quelque part ? Si vous l'associer à une sensation, cette dernière est-elle différente des autres ?[23] Toujours la même ?

Et puis si nous pensons nous éveiller un jour, nous devons sérieusement considérer le fait que cela signifie que nous sommes endormis et, par conséquent, que cette vie est un rêve, qu'elle n'a pas la réalité que nous lui prêtons. Sommes-nous prêts à le faire ? Êtes-vous prêts à prendre le temps de considérer un instant les choses sous cet angle ? Cette vie est un rêve... Comment est-ce ? Que ressentez-vous face à cette idée ?

Parce qu'enfin, avez-vous déjà vu le personnage de l'un de vos rêves s'éveiller et apparaître auprès de votre lit au petit matin ?

---

23. Francis Lucille, auteur de plusieurs livres dont *Le sens des choses* (Éditions Accarias, L'Originel) propose un exercice permettant de bien mesurer que toute sensation « étiquetée 'moi' » n'est pas différente des autres sensations. Vérifiez-le pour vous-même : quelles sensations corporelles vous font dire « moi » ? Sont-elles constantes ? Toujours situées au même endroit ? S'étiquettent-elles elles-mêmes « moi » ? Sont-elles différentes des autres sensations ?

Le personnage du rêve – le monde du rêve dans sa totalité – apparaît avec le rêve et disparaît avec la fin du rêve.

Tout comme le monde du rêve, le monde du « moi », accompagné d'un sentiment de séparation et donc de peurs plus ou moins conscientes et d'une quête, quelle qu'elle soit, disparaît la nuit et réapparaît au matin. Ainsi, le sens de « moi » et le sentiment de séparation qui l'accompagne disparaissent ensemble. Dès que nous revenons à la conscience d'être, cela est clair. Et revenir à cet état d'être n'est pas réaliser mais seulement expérimenter « l'êtreté ».

Évidemment, nous désirons quand même ne plus souffrir.

Alors : STOP.

Prenons le temps de réaliser que cette course au bonheur est plus stressante qu'autre chose. Nous avons beau travailler pour notre bonheur – personnel, égotique – il nous échappe toujours. Ou plutôt, il demeure inconstant. Nous le savourons parfois puis il s'évapore pour une raison ou pour une autre : un événement déplaisant, une contrariété, une rupture…

Et si nous cessions d'y travailler, qu'adviendrait-il de « moi » ? Ne perdrait-il pas de sa force ? Et est-il certain que j'en serais plus malheureux ?

Vous savez maintenant ce qui différencie ceux qui recherchent l'éveil des personnes dites « éveillées » : la croyance en « moi », individu séparé. Mais qui se soucie que ce sentiment apparaisse ici ou là chez tel ou tel individu ?

Prenez le temps de le sentir en vous. Si nous croyons en un « moi », nous ne pouvons que répondre : « moi ». Seulement cette illusion appelée « moi ». Toujours cet apparent « moi ». ET désirer que cela cesse provient de « moi ». C'est le piège absolu ! Un paradoxe qu'il est parfois difficile de percevoir ou de regarder en face.

Répétons-le : *apparemment*, moi désire se défaire de moi en utilisant moi, mais moi ne peut se faire disparaître tout en étant l'artisan de sa propre disparition à laquelle il ne survivrait pas ; *apparemment*, moi se renforce en faisant tout ce qu'il peut pour disparaître, tout comme en luttant pour sa survie.

ET en réalité moi n'est pour rien dans tout cela puisqu'il n'a aucune Réalité, il n'est qu'une pensée dont la force réside dans le fait qu'elle devient une croyance, en dépit de « nous-mêmes »[24] : personne n'y est pour rien.

L'impasse. L'impuissance.

ET, peut-être, la joie pure du jeu qui se joue, du paradoxe existentiel le plus savoureux qui soit dès que nous avons réalisé la facétie de la chose.

C'est l'une des raisons pour laquelle l'accueil de l'impuissance – par personne – est si important : un sourire amusé accompagné d'un relâchement tranquille va venir prendre la place de cette dernière.

Plus d'effort à faire, plus rien à acquérir ou à mériter. Seulement savourer l'instant présent tel qu'il se présente « dans la richesse comme dans la pauvreté, dans le succès comme dans l'échec, dans la santé comme dans la maladie », comme l'affirme l'*Ecclésiaste*.

En réalité, Nous Sommes Accueil.

Imaginez un instant : aucune idée de « moi » ne se présente plus à votre esprit ; vous ne pouvez plus croire en l'existence d'un moi. Quelles en sont les conséquences ? Le corps continue à respirer, à bouger si besoin, à se nourrir… la personnalité demeure avec ses préférences qui continuent de s'exprimer, sans « personne » pour les juger… Quoi d'autre ?

---

24. Expression souvent reprise par Karl Renz dont on peut lire *Pour en finir avec l'éveil* aux Éditions les Deux Océans ou *Le Tao radical* Éditions Accarias l'Originel.

En vérité, la vie s'est toujours déroulée sans moi puisqu'il est illusoire ! Elle continuera à le faire en l'absence de cette croyance. Toute peur d'y perdre quelque chose est parfaitement infondée… et inévitable.

ET cependant, réaliser ou non que « moi » n'est qu'une pensée n'a en définitive aucune importance *en Soi*.

Qui pourrait bien s'en soucier ?

Paradoxe parfait, jeu parfait. Réaliser l'inexistence d'un moi est simultanément impossible à réaliser et de tout temps évident ; la quête est inévitable et inutile ; personne ne l'effectue et elle se poursuit sans relâche ; la souffrance est réelle et totalement illusoire ; personne ne peut être pris par cette illusion et la prise est bien apparemment réelle…

Nous sommes Amour, Paix, Joie et nous ne pouvons pas ne pas l'être. Alors, en réalité, peu importe *en Soi* que cela soit manifeste ou non. *Apparemment*, seul « moi », ce personnage de rêve, s'en soucie *apparemment*. Pas Cela qui seul Est, pas « Je ».

Le voir est cadeau, grâce, n'appartient à personne et ne change rien en Soi.

Mais éprouvons un autre angle d'approche.

Premier angle, déjà abordé.

Imaginez que l'éveil ne se produise jamais.
Qui s'en soucie ?
Moi.
Pas « Je Suis », ni Cela.

Deuxième angle.

Imaginez que l'éveil ne se produise jamais.
Et alors ?

Une précision tout d'abord : quand arrive-t-il qu'un enfant n'apprenne jamais à marcher ? Est-ce en son pouvoir d'y faire quelque chose ? Il est dans sa nature d'apprendre. Sans « effort » en ce sens qu'il ne peut pas ne pas apprendre un jour ou l'autre – sauf s'il souffre d'une invalidité. Il est de même dans notre nature de réaliser un jour l'absolu non-sens du sentiment de séparation. Nous avons construit un moi comme on construit un château de cartes sur le sable. Il est d'aspect brillant ou branlant. Un jour ou l'autre un souffle de vent ou un glissement de terrain l'emportera. Nous avons aimé jouer à la poupée ou aux petites voitures, puis au docteur ou à l'institutrice... Aujourd'hui nous jouons grandeur nature, nous prenant au sérieux. Demain nous abandonnerons ce jeu appelé « moi ». Simplement. Comme nous avons cessé de jouer à tout le reste. Nous aurons épuisé ce dernier jeu.

Mais revenons à notre deuxième angle d'approche.
Et alors ?

Deux mots. Une révolution intérieure.

Et alors ?

Non, il ne s'agit pas d'une mauvaise plaisanterie. Cette question n'est en rien une manière de dire que l'on se moque des problèmes des uns et des autres. Au contraire. Il y a préoccupation ET invitation à les résoudre sur le champ.

Il s'agit d'une réelle question qui appelle une réelle réponse. Deux mots au pouvoir magique à décliner sur différents tons – jamais moqueur, il s'agit toujours d'une vraie question à laquelle il convient de répondre en détail – et de différentes manières.

Prenez par exemple le désir d'éveil si vous le connaissez, ou le désir d'unité, de complétude, d'un bonheur constant, etc. Ressentez la tension que ce désir crée en vous. Cette recherche plus ou moins pressante et la frustration qui l'accompagne parce qu'il n'est pas actualisé.

Puis demandez-vous : « Et alors ? ». On pourrait y ajouter : « Où est le problème ? ». À cette seconde précise, il n'y en a pas. Pouvez-vous sentir un sourire léger naître sur vos lèvres ? Un réel amusement ?

Si ce n'est pas le cas, prenez comme objet d'investigation très exactement ce que vous vous dites et ce que vous ressentez *maintenant*. Et posez-vous à nouveau la question : « Et alors ? ». Ajoutez-y les questions complémentaires de votre choix, telles : « Quel est le problème ? », « Qui s'en soucie ? » ou tout autre du même genre qui vous paraît pertinente. Continuez ainsi jusqu'au point où le sourire apparaît. Doux, tranquille, amusé.

Tout est un jeu. Et cette petite baguette magique nous le rappelle. Elle nous ramène à la vitesse de l'éclair à cette connaissance inscrite au fond de nous.

Ne croyez surtout pas tout cela sur parole. Appliquez la formule. Et voyez par vous-même.

Je viens d'écrire : tout est jeu. Et cela crée souvent une réaction forte. Je le comprends d'autant mieux que je n'ai pas toujours vu les choses sous cet angle.

Cependant, Mère Térésa affirmait : « La vie est un jeu, joue-le ! ».

Ce fait change-t-il quelque chose ? Vous dites-vous que la matière mérite d'être explorée un peu plus avant ? Nous avons en effet tendance à accorder plus de crédit à certaines personnes qu'à d'autres… Encore un tour du mental. « Et alors ? » ou « Pourquoi pas ? », une autre déclinaison de la même question. Oui, pourquoi le mental ne jouerait-il pas des tours ? Sentez-vous l'amusement ? Si oui, parfait. Sinon, « Et alors ? » ou « Qui a un problème avec ça ? » ou « Quelle importance en soi, au fond ? ».

Où en êtes-vous ? Arrivez-vous à me suivre ? J'allais écrire : « Sinon, tout est parfait ». Commencez-vous à percevoir cette idée de perfection quoi qu'il arrive ?

Attention, une fois encore, il est nécessaire d'en faire l'expérience « directe ». C'est alors seulement que cette connaissance « vit » au fond de nous, avec la même certitude que la chaleur du feu ou le parfum de la rose.

C'est aussi pourquoi il est bon de ne jamais laisser personne nous dicter nos croyances.

Écouter. Regarder. Être avec. Y revenir. Laisser ouverte la possibilité que ce soit vrai. Mais ne pas adopter ce que les autres nous disent ni les paroles qu'on leur attribue. Qu'il s'agisse de Mère Térésa, du Dalaï Lama, de Jésus, du Bouddha ou de qui que ce soit d'autre.

Si nous avons testé la chaleur du feu, nous la connaissons. ET nous resterons incapables de la transmettre. Seulement d'en parler avec plus ou moins de bonheur.

Mais si nous ne l'avons pas ressentie, tout ce que nous pourrons en dire ne sera que pensée, concept, croyance.

« Et alors ? » ou « Quelle importance en soi ? ». Posez-vous la question. Peut-être n'a-t-elle même pas de réponse, sinon un sourire amusé.

Prenez vraiment le temps de ressentir ce « Et alors ? » et sa conclusion. Parce qu'ainsi, vous sortez de toute possibilité d'intégrer des mouvements plus ou moins sectaires, y compris celui de la secte la plus répandue sur notre planète : celle du culte de la pensée « moi » et des croyances associées.

Votre référence est alors : vous-même. Non pas vous en tant que « moi ». Vous en tant que « Je Suis », puis en tant que « Cela ».

Plus jamais untel, quel que soit son degré de réalisation ou de « sainteté », ses compréhensions intérieures, la beauté de son discours ou que sais-je d'autre. Vous n'en avez plus besoin.

Détaillons un exemple ou deux.

- J'ai mal à l'épaule.

- D'accord. Et alors ?

- J'ai mal !

- Oui, c'est vrai, je l'entends. Et alors ?

- ...

- Tu as mal, c'est un fait. Mais as-tu besoin d'en faire un problème ?

- ...

- Ce que je désire souligner c'est que nous avons tendance à penser que toute douleur est un problème à résoudre. Et si ce n'était pas le cas ? Reste seulement avec les sensations. Ne les étiquette même pas « douleur ». Respire tranquillement. Comment est-ce ?

- Curieusement, je ressens un certain calme.

- Alors as-tu besoin d'en faire un problème ?

- Non, c'est vrai. Je n'ai pas besoin de penser que c'est un problème.

- De plus, tu le constates. Si tu restes simplement avec la douleur, tu ressens un certain calme. Et si tu penses que c'est un problème, comment est-ce ?

- C'est pire !

- Est-ce que cela résout quelque chose ?

- Non, ça ne résout rien ! Bien au contraire : si je pense que c'est un problème, je veux cesser d'avoir mal. Je refuse la douleur. Alors elle m'obsède de plus en plus.

- Eh oui ! Tu n'as pas besoin de cautionner l'idée que ça ne devrait pas arriver !

- Mais j'ai quand même mal !

- Oui. Et alors ? Si ce n'est plus un problème d'avoir mal…

- Il y a juste la douleur. (un temps) Ça me donne envie de rire !

- Oui. La douleur peut-être présente et tu peux en rester libre.

- Et ça marche pour tout ?

- Quasiment, oui.

Un autre exemple :

- Mon ami ne veut pas vivre avec moi.

- Oui. Et alors ?

- Eh bien, ce n'est pas ce que je veux !

- Ça je l'entends bien, mais « Et alors ? », quel est le problème ?

- Mais ce n'est pas ce que je veux !

- Et… ?

- Mais ça me fait souffrir !

- Ah ! Donc tu souffres lorsque tu n'as pas ce que tu veux.

- Oui, bien sûr ! Comme tout le monde !

- Ce n'est pas sûr, mais bon. Tu souffres lorsque tu n'as pas ce que tu veux. Et alors ? Quel problème as-tu avec ça ?

- Souffrir ?

- Oui.

- Eh bien, ce n'est pas agréable, tiens !

- Et… ? En quoi est-ce un problème de vivre quelque chose de désagréable ?

- Ce n'est pas agréable !

- Oui. C'est parfaitement vrai. Ce n'est pas agréable. Et alors ? En quoi est-ce un problème de vivre quelque chose de désagréable ?

- ???

- Pourquoi rajouter une souffrance à un désagrément ? Ne trouves-tu pas que c'est déjà assez dur comme cela ? Est-ce que refuser de vivre ce désagrément le rend plus agréable ? Le fait disparaître ?

- Non.

- Est-ce que ça le renforce ?

- ...Oui !

- Alors ? À quoi bon le refuser, lutter contre, en faire un problème ?

- Mais en faire quoi sinon ?

- Rien. Être avec. Je vis quelque chose que j'estime désagréable. C'est un fait. Un point c'est tout.

- C'est tout ?

- Oui.

- Mais le malaise ne va pas disparaître !

- Peut-être. Et alors ?

- Mais je veux qu'il disparaisse !

- Et alors ? Est-ce que c'est utile ? Est-ce que ta volonté le fait disparaître ? Non, n'est-ce pas ?

- ???

- Tu veux que ton malaise disparaisse. C'est très compréhensible. Mais ce n'est pas un problème et ni ton malaise ni ton désir n'ont besoin de disparaître pour que tu sois tranquille et souriante.

- ?!?!?!

- Réponds seulement à la question. Tu veux que ton malaise disparaisse. Et après ?

- ...

- C'est juste un fait, vois-tu. Tu n'as pas besoin d'en faire quoi que ce soit. Seulement de le constater.

- Alors je constate que je ne suis pas satisfaite et que je désire l'être ?!

- Oui.

- Et... ?

- Rien d'autre… Tu veux bien le faire ?

- …

- Que se passe-t-il ?

- Oui. Je peux simplement rester avec… Et c'est vrai que ce n'est pas un problème. Les sensations ne sont pas si terribles ! (un temps) Ça me fait rire ! Je suis en train de me rendre compte que le problème n'est pas le refus de mon ami, mais ce que j'en fais !

- Et si je suis totalement honnête, je dois reconnaître que je me fais souffrir pour le faire céder et tester la force de son amour pour moi.

- Oui. Il en est souvent ainsi. Nous jouons tous des tours pendables pour obtenir ce que nous désirons.

- En réalité, il n'y a pas de problème. Seulement des pensées, des sensations que nous associons et auxquelles nous conférons une importance et un sens qu'elles n'ont qu'en apparence, mais pas en réalité. Ce faisant, nous créons les problèmes de toutes pièces.

- C'est vrai que ce n'est pas important que mon ami vienne vivre avec moi. Et puis s'il n'est pas prêt, il vaut mieux que je ne le force pas ! De plus, en l'acceptant tel qu'il est, ça ne peut que l'aider à voir clair. De toute façon, le principal, c'est l'amour que nous avons l'un pour l'autre, et je n'ai pas besoin qu'il s'installe à la maison pour savoir qu'il m'aime !

Le mot est lâché : « besoin ».

Nous pensons souvent avoir besoin de… En fait, il n'en est rien.

Le manque est une illusion, sauf pour ce qui concerne les besoins vitaux.

Dès que nous avons l'impression d'avoir besoin de quelque chose, c'est que nous sommes pris par l'ego. « Ce qui Est » est libre de tout, n'a besoin de rien.

Toute sensation de nécessité est un tour du mental.

L'expérience, quelle qu'elle soit : désir, douleur ou autre, se suffit à elle-même. Qui a dit qu'il fallait satisfaire ses désirs pour être heureux ? Où est-ce écrit ? Certes, notre société de consommation axe tout sur cette tendance : « Achetez de la poudre de perlimpinpin et vous serez heureux ! » clament sans relâche nos publicités télévisées faites comme par hasard par de « jolies » femmes souriantes et aux courbes « parfaites » – selon les critères actuels de la beauté. Le chant des sirènes attire encore les navigateurs que nous sommes !

Comme nous l'avons déjà souligné, le désir est satisfaisant en lui-même, il n'a pas besoin d'être satisfait. Il est déjà expérience pleine… si les sensations qui l'accompagnent sont accueillies.

En définitive, le désir, la frustration et tout le reste, aussi forts soient-il, n'ont pas d'autre valeur que celle que nous leur accordons. Dès que nous revenons à la plénitude que Nous Sommes en réalité, le besoin d'être satisfait fond comme neige au soleil, et le désir ou la frustration avec. Il est VU, « réalisé » que nous n'avons besoin de rien.

Accueillir le désir – et le reste – comme on regarde un enfant jouer en toute innocence : avec tendresse, amour, douceur, sourire, touché par cette innocence. De fait, contrairement aux apparences, nous sommes innocents comme des enfants. Et je vous invite à le voir en vous accueillant – vous en tant que ce que vous croyez être habituellement – en Vous-même – Vous en tant que « Je Suis » – témoin aimant et libre.

Laissez tout ce que vous vivez se déployer en vous, sans vous laisser prendre. Accueillez-le comme un enfant innocent en train de jouer. Et voyez ce qui se passe. Laissez-vous surprendre, voulez-vous ?

Besoin de rien. Déjà plein. En amont de ce qui arrive, et à travers ce qui arrive, dès que c'est accueilli. Alors la quête, en tant que recherche de bonheur ou d'unité, cesse. Vous ne faites rien. Vous réalisez seulement qu'elle est inutile, et même contre-productive puisqu'elle maintient l'idée qu'il nous manque quelque chose pour être heureux.

Tout est alors comme avant. ET tout est différent.

Semblable en ce sens que l'identification à « moi » peut rester quasiment intacte.

Différent car bien des tensions nous ont lâchés et qu'un sourire se dessine souvent sur nos lèvres.

Comment aborder le désir d'éveil ou un désir approchant ?

- Je ne vais pas m'éveiller si je lâche mes pratiques et la quête !
- Peut-être que oui... Peut-être que non. Et alors ?
- Mais je ne peux pas être heureux sans cela !
- Ah oui ? Et quand bien même cela serait vrai, « Et alors ? Qui s'en soucie ? ».
- ...Moi !
- Cette pensée : je ne peux être heureux sans l'éveil te procure-t-elle du bonheur ou du stress ?
- Du stress.
- Peut-être peux-tu la lâcher alors ?!
- Mais j'ai peur de rater ma chance !
- Ah, c'est intéressant ! Tu as peur. Et alors ?
- ...Tu veux dire que je peux rester avec ma peur et ne rien faire d'autre que de la regarder ?
- C'est un bon programme !
- Tu veux dire que je fais tout ça, cette quête et ma pratique, par peur ?
- C'est bien probable, oui.
- Je n'avais jamais vu ça.
- ...Et comment te sens-tu si tu laisses cette quête te quitter ?
- Plus détendu. Plus tranquille.
- Plus heureux ?
- Oui.

- Tu vois, tu n'as besoin de rien d'autre que de regarder ce qui arrive, sans rien essayer de modifier, pour être simplement tranquillement souriant.

Quelques jours plus tard, cette personne m'a dit :

- Le plus étrange, c'est que je peux continuer à méditer quand j'en ai le goût ! Je n'ai par contre pas besoin de désirer atteindre quelque chose, ni de mesurer mes « progrès ». Seulement de profiter de l'instant.

- Oui. C'est exactement cela.

Saisissez-vous ?

Ressentez-vous encore des accroches, des refus, des rebellions ?

D'une façon générale, il ne peut en être autrement.

Avez-vous le courage de les soumettre à la question magique « Et alors ? » ?

Il est vrai que nous en arrivons à la conclusion que rien n'a besoin d'être changé. J'ai même avancé l'idée que tout était parfait tel que c'était. Il est certain que ces propos peuvent déranger.

Alors je le répète, ce n'est pas un blanc seing autorisant n'importe quoi et cela ne signifie pas que rien ne changera. Seulement que « Je Suis » accueille tout, reste tranquille quoi qu'il arrive et n'a jamais rien à redire à ce qui se passe. ET que ce qui doit changer changera car c'est dans la nature des choses.

Encore une fois, conservez vos doutes si vous en avez. Mais s'il vous plaît, laissez la porte ouverte en adoptant une pensée du style : « Pour moi, ce qui est dit là n'a vraiment pas de sens, mais peut-être que quelque chose m'échappe… »

L'absence de « moi »

Afin d'en finir avec toute quête, nous avons exploré deux angles d'approche.

Le premier :

Imaginez que l'éveil ne se produise jamais.
Qui s'en soucie ?
Moi.
Pas « Je Suis », ni Cela.

Le deuxième :

Imaginez que l'éveil ne se produise jamais.
Et alors ?

En voici un troisième.

Nous prétendons être « moi ». Mais ce « moi » que nous croyons être existe-t-il réellement ?

Regarder, encore et encore.

Quoiqu'il nous arrive, nous allons dire : c'est à moi que cela arrive.

Qu'est-ce qui permet d'affirmer que c'est bien à « moi » que cela arrive ?

Y a-t-il réellement une « chose » appelée « moi » ?

Si nous pensons que oui, qu'est-ce pour nous à cet instant précis ? Qu'est-ce qui nous fait dire, à cette seconde précise que « moi » existe bel et bien ?

Une pensée ou un ensemble de pensées ? Une sensation ou un ensemble de sensations ? Un sentiment ? Une impression ? Quoi exactement ?

Ces pensées, ces sensations, ce sentiment, cette impression prouvent-elles l'existence de « moi » ?

Ou bien ne sont-elles que des pensées, que des sensations, qu'un sentiment ou une impression que, par facilité de langage, par consensus et par conditionnement, nous avons pris l'habitude d'appeler « moi » ? Et ce depuis si longtemps que nous ne remettons plus en cause la nature illusoire de ce dernier ?

Que recouvrent exactement ces pensées, ces sensations, ce sentiment ou cette impression éventuels ? Sont-ils la preuve de l'existence de « moi » ou seulement des pensées, des sensations, un sentiment ou une impression comme nous en avons des milliers d'autres ?

Autrement dit, quelle preuve exacte avons-nous de l'existence d'un « moi » ?

En découvrez-vous une ?

Regarder. Encore et encore.

Et découvrir que « moi » n'existe pas.

Il tire sa force de notre croyance en son existence.

Il n'y a pas de « moi ».

Il n'y en a jamais eu.

Il n'y en aura jamais.

Aucun « moi » n'a donc jamais rien fait et ne fera jamais rien.

Sinon dans notre imaginaire.

Alors pourquoi chercher à faire disparaître ce qui n'a jamais été et ne risque pas d'être ? Quel sens cela pourrait-il bien avoir ?

Nous sommes pris par une illusion, une croyance et nous la défendons bec et ongles. Nous bâtissons nos vies et nos rapports sociaux en fonction d'elle mais nous n'avons jamais regardé de près si cette prémisse – l'existence d'un « moi » – est fondée ou non. Aveuglement, « folie aux yeux de Dieu ».

Puis nous luttons contre ce personnage rêvé comme Don Quichotte lutte contre des moulins à vent. Aveuglement là encore.

Mais voir le jeu appelé « je » !

Se rendre compte de, « réaliser » l'absence d'un « moi » suffit à « s'éveiller » de l'illusion, de l'hypnose collective, du rêve dans lequel nous sommes pris depuis bien longtemps.

Se rendre compte de l'absence d'un « moi » met fin au jeu « moi et les autres, moi et le monde », parfois d'un coup, une fois pour toutes, souvent petit à petit. La croyance est si fortement ancrée qu'il est généralement nécessaire de voir plusieurs fois qu'elle est fausse – ou plutôt de le voir parfaitement – avant de s'en défaire totalement.

Alors la quête d'un « tout autre » ou d'un bonheur futur s'achève. Le changement de perspective est « réalisé », le point de vue n'est plus duel mais non duel, unitaire : tout est vu comme un ensemble, une totalité unique et indissociable. Le regard, souriant, amusé, étonné, émerveillé, plein d'un amour total et profond... demeure, de même que la présence tranquille. La vie continue de se dérouler, bien plus simplement. Sans identification à « moi », à « mon histoire », à « mes pensées, mes émotions, mes sensations », elle est plus légère. Moins de tensions, moins d'attaches, plus aucune attente. Les peurs fondent comme neige au soleil. Plus rien ou presque ne « colle », c'est la liberté même.

La Libération, la Réalisation, l'Éveil ne sont en définitive que la réalisation de l'inexistence de « moi » qui s'accompagne naturellement de l'abandon de la croyance en la pensée « moi ».

Mais quelle révolution !

*

* *

Prenons le temps de résumer les derniers chapitres.

La quête est poursuivie par le « moi ». Mais il ne peut pas appréhender ce qui l'a créé. Aussi la « bataille » est-elle perdue d'avance, l'échec est-il certain. Alors la question se pose : pourquoi poursuivre cette quête ?

Un instant de panique peut nous saisir. Rien que de très normal.

Ou encore un refus d'avoir perdu tellement de temps. Naturel aussi.

Ou peut-être une révolte contre tout ce que l'on nous a appris ou contre ceux qui proposent de le déposer. Normal encore.

Pas de souci avec tout cela.

Revenons encore une fois à la conscience d'être : « Je Suis ». Et regardons ce qu'il reste.

Cela ne suffit pas ? Souvenons-vous de cette phrase redoutablement efficace : « Et alors ? ».

De plus, si nécessaire, laissons-nous brûler par l'appel.

Laissons ainsi simplement l'idée de la quête, de toute quête, nous quitter. Sans oublier que cela ne signifie pas : « se priver de ce qui nourrit intérieurement ». Seulement « déposer tout but futur et toute stratégie en vue de… ».

Enfin, pourquoi ne pas regarder de près ce que nous affirmons être « moi » et découvrir son inexistence ?

La pratique, si elle survient, atteint alors son but à l'instant même : nous sommes simplement présents à ce qui se passe, tranquilles, sereins… Ou non. Et dans les deux cas, nous pouvons en sourire… ou non. Et si nous n'en sourions pas, nous pouvons sourire de ne pas en sourire… ou non. Avec simplicité, tranquille.

Tout est Cela

Lorsque nous réalisons que la réalité existentielle n'est pas ultime, et ne sera jamais définitivement satisfaisante, nous sommes généralement pris par la volonté « d'en sortir ». Alors, très souvent, la « quête consciente » de l'éveil commence.

Puis, au fil des prises de conscience, de rencontres ou de lectures, nous comprenons plus ou moins bien que « je » ne peut rien faire, que tout arrive…

Ce sentiment d'impuissance génère souvent une grande frustration que l'on retrouvera sous la forme d'un « nihilisme dépressif » du genre : « À quoi bon tout cela ? De toute façon, je ne suis rien ! ». Nihilisme parfois compensé par une attitude savante mais erronée du style : « J'ai compris », par une révolte contre le sentiment d'impuissance ou contre tous ceux qui suggèrent telle ou telle pratique.

Nous avons compris que la quête est illusoire puisque « je » est une illusion, un personnage de rêve et que, par conséquent, « personne » ne peut réellement la mener.

Tous ces points de vue sont l'expression de la croyance en un « moi » qui continue à vivre sa vie de « moi », aussi rêvée soit-elle.

Autrement dit, le paradoxe reste entier et enfermant tant qu'il n'est pas VU que tout est Cela. Absolument tout.

Tout apparaît *en* Cela, *à partir de* Cela, et *est* Cela. Aucune séparation. Non-dualité.

Alors la quête, et l'absence de quête sont Cela. De même la colère, la tristesse, la frustration, l'enthousiasme, l'amusement, le rire, les larmes, les cris, la douleur, la souffrance, le sourire... Les arbres, les oiseaux, la mer, le soleil, le pétrole, la pollution... Et tous nos points de vue, quels qu'ils soient, toutes nos prises de conscience et tous nos aveuglements...

Absolument tout. À l'infini. Tout ce qui nous apparaît « bon » ou « bien » ET tout ce qui nous apparaît « mauvais » ou « mal ».

C'est simplement « Cela » sous la forme de...

Par conséquent, chercher ou ne pas chercher sont tous deux l'expression de Cela.

Changer ou ne pas changer aussi.

Avoir le désir de changer ou non, de même.

Souffrir ou être heureux ;

Dormir ou être éveillé ;

Se rebeller, se soumettre ou être spontané ;

Rejeter ou accueillir ;

Aimer ou détester ;

Lutter ou s'abandonner ;

Déprimer ou être plein de vie ;

Désirer ou être sans désir ;

...

Quelle que soit votre réaction maintenant, elle est Cela et son expression. Toutes vos pensées, vos sensations, vos perceptions, vos émotions ne peuvent pas être autre que Cela et son expression. Toujours.

Tout ce qui apparaît dans le champ de votre conscience, les objets, l'eau et les autres éléments, les plantes, les animaux, les êtres humains sont Cela et son expression.

Cela sous forme de...

Cela en train de...

Toujours.

ET Vous Êtes Cela.

Cela au sein duquel tout apparaît ET Cela qui apparaît en tant que telle émotion, telle sensation, telle perception, telle pensée, tel paysage, tel événement.

Autrement dit et par exemple, à un moment donné la quête peut cesser, se manifester d'une manière tranquille, ou comme un passe-temps qui n'a pas plus de valeur – et pas moins – que de jouer à saute-mouton.

Et ceci, alors même que « l'éveil » n'est – prétendument – pas « actualisé », que nous ressentons encore une séparation entre « moi » et « non moi ».

Parce qu'il est VU, SU que tout ce qui arrive est sans réelle importance, y compris cette prétendue actualisation du Soi à tel endroit précis de la « toile », lieu appelé « moi ».

Quelle est votre sensation à la lecture de ces lignes ?

Avez-vous l'impression que quelque chose est là, tout près, que vous le captez plus ou moins ? Un déclic se produit-il ?

Ou sinon quoi d'autre ?

Quoi que ce soit, c'est exactement cela. ET c'est exactement Cela.

Restez avec ces phrases, et si vous avez le sentiment de capter l'essence de ces propos, restez avec cette impression autant que vous le pouvez. Revenez-y.

Quoi qu'il se passe :

C'est Cela en train de se vivre sous la forme de… ;

C'est Cela vous proposant de rester avec ce qui se produit ;

C'est Cela en train de penser ou de ressentir ;

C'est Cela.

Toujours.

Exactement Ce que Vous Êtes.

D'une part, Cela englobe tout et le contemple sans en être séparé : tout est *de* Lui, se produit *en* Lui et *par* Lui.

D'autre part, Cela *est* pleinement tout ce qui apparaît, vit et se résorbe en Lui.

Transcendance, ET immanence. Toujours. *Simultanément.*

Pas de séparation. Pas un Dieu là-bas et un monde ici. Cela – ou Dieu – en tout, toujours, partout. Pas d'indifférence non plus. Toujours pleinement concerné, engagé, impliqué ET libre de tout. Toujours l'Amour, absolu et pur, ET la Sagesse. Un sourire tranquille.

Retournement

Déconstruire encore.

Effectuer ce retournement de la conscience sur elle-même, ce relâchement « salvateur »…

Ces écrits poussent à croire qu'il pourrait être utile que « moi » comprenne certaines choses, que « moi » participe à un éveil qui surviendrait plus tard.

Nous sommes loin de la Vérité Nue.

ET cependant, parler de Cela, être en contact avec Ce qui Est densifie Sa Présence ici et, en fin de compte, rien n'apparaît plus important.

Piège parfait.

Rien n'a de sens et rien n'a besoin d'en avoir un, ET tout en a un malgré tout.

Tout est inutile, mais tout est utile.

« Moi » n'est qu'une pensée à laquelle il est « cru », qui « colle », et ne peut donc rien faire par lui-même, mais tout continue quand même comme si « moi » effectuait quelque chose de vraiment important.

Nous touchons là au Mystère, au Grand Paradoxe, aussi vivant qu'inévitable.

Alors éprouver la liberté, sourire encore, aimer toujours. Quoi d'autre ?

En réalité, utilité et inutilité, vérité et tromperie, sens et non sens… tous ne sont que des concepts.

Tout ce qui apparaît dans la conscience n'est pas définitivement réel. Par conséquent, quelle importance lui accorder ? *En définitive*, aucune bien sûr. Et en attendant, une de tout premier ordre.

La Conscience-Présence, se suggère à elle-même de cesser de s'identifier à l'objet de ses perceptions et de « se retourner sur elle-même » ou encore de « se relâcher, se détendre en elle-même », de « relâcher le regard ».

Elle s'adresse apparemment à d'apparentes « portions » d'Elle-même qui « désirent » apparemment cesser de jouer inconsciemment, cesser de croire être le perçu.

Cependant, du point de vue de Ce qui Est, tout est absolument parfait tel que c'est, il n'y a rien à changer et « personne » qui puisse changer quoi que ce soit car tout ceci est illusion, mirage, « rien ».

Ce jeu se joue en Cela et en dépit de Lui-même. Sans qu'Il n'intervienne. Une nouvelle fois : il n'y a « personne » et donc personne qui puisse intervenir.

Ce qui Est est apparemment pris au piège. Sauf qu'Il ne peut pas l'être.

À 'quoi' s'adresse « Il n'y a rien à faire, rien à être, rien à mériter, rien à développer... » ?

À 'quoi' s'adresse « Sois ce que tu ne peux pas ne pas être »[25] ?

Pas à « moi » ! « Moi » n'est qu'une illusion, qu'une croyance.

Simultanément, « il n'y a rien là », donc rien à dire ni à faire.

Ce qui arrive ne peut pas ne pas advenir.

Le Rappel de Ce qui Est à Ce qui Est est tout à la fois essentiel pour Lui-même ET totalement irréel, inutile et futile : Ce qui Est ne peut S'oublier et, *en Soi*, les apparences ne revêtent absolument aucune espèce d'importance.

En définitive, le sentiment de séparation, le sentiment de manque, l'idée d'un éveil futur, ressemblent simplement à des « contractions » de la conscience.

Il n'est nul besoin de leur donner du pouvoir, une existence moins éphémère que celles des papillons.

25. L'une des phrases favorites de Karl Renz.

Il est généralement *cru* en tout cela.

Mais toutes ces pensées et sensations peuvent simplement être observées par « Je Suis ».

Alors accueillir ces sentiments et ces pensées et les laisser se fondre doucement, jusqu'à disparaître.

ET contempler « Je Suis ».

PUIS laisser « Je Suis ».

Lui aussi est perçu. Et vous ne pouvez pas être ce qui est perçu.

Tout à la fois accueillir et négliger le perçu[26]. La *totalité* du perçu. Le laisser là, le laisser être sans s'en soucier… Peu importe la formulation.

Prenez le temps de mesurer ces mots : négliger la totalité du perçu.

Une sensation de « blanc » ? Ou de « noir » ? Ou de « rien » ? Tout cela est encore perçu.

Le lâcher. Je ne dis pas de le renier, ni de le repousser, ni quoi que ce soit de plus ou moins proche. Seulement de le laisser. Être avec, le constater tranquillement, et ne pas s'en préoccuper. C'est là, tel un objet déposé dans un coin.

Laisser le perçu. Le laisser vivre sa vie de perçu. Mais bien sûr, il est simultanément accueilli, avec liberté et tranquillité.

Je ne dis pas non plus « Négligez », ou « Laissez ». J'emploie à dessein l'infinitif et non l'impératif.

Laisser le perçu, avec personne pour s'en emparer.

Que reste-t-il ? Impossible à définir.

Rester avec, et y revenir, autant que la Vie le permet.

---

26. Proposition souvent faite par Jean-Marc Mantel.

*

* *

Mais peut-être serez-vous plus sensible à cette autre façon de présenter la même chose ?

Vous vous portez bien ou mal. Tantôt l'un, tantôt l'autre. Vous voulez l'un et évitez l'autre. Rien que de très normal.

Mais surtout : Qu'est-ce qui constate votre état à cet instant précis ? Et « Cela qui constate », comment le définiriez-vous ? Est-ce seulement possible ? Alors, non plus regarder en direction du perçu, mais « Cela qui constate ».

PUIS regarder plus en amont encore.

« Cela qui constate » est lui aussi connu. Alors le laisser.

Que reste-t-il ?

Comment, par quoi « Cela qui constate » est-il connu ?

Que connaissez-vous de Cela ?

Plus de mots. Rien. Mais pas de vide. Aperception. Silence. Tranquillité. D'où tout émerge, au sein desquels tout apparaît.

Cependant même ces mots sont de trop : déjà « perçus », déjà « après-coup ».

Rien, Silence, Aperception, Tranquillité se manifestant sous forme de silence, tranquillité, bien-être, etc. pour l'organisme corps-mental. Et peut-être aussi un doux sourire intérieur.

Rester un instant avec Cela…

Résumé

Le temps de conclure s'approche doucement.

Résumons d'abord en quelques lignes.

De manière pédagogique, nous pourrions décrire quatre « stades » expérientiels :

- L'identification à ce qui arrive est active et ce qui se passe nous emporte ;
- Le regard est posé sur ce qui arrive et « Je Suis » est perçu ;
- Le regard se décontracte, ou se retourne, et seul « Je Suis » ou « Cela qui constate » demeure ;
- La totalité du perçu est laissée de côté, « Je Suis » est vu pour ce qu'il est – une perception – et la frange de ce qui peut être touché est atteinte.

On peut enfin parler de Cela, hors de tout état, innommable, indescriptible, source de tous les états et de toutes les expériences, et qui ne peut être expérimenté, touché, vu, senti…

Alors tout ce qu'on en dit ne sont que des « doigts pointés vers la lune », ne faisant qu'indiquer une direction vers quelque chose qui ne peut être atteint.

Ce ne sont aussi que des approximations, pour ne pas dire des « tromperies ». « Dès que l'on parle, on ment », disent certains. En fait, « on est 'à côté' ». Il est SU que le langage trompera toujours Cela. Rien de ce qui existe n'y a accès. Par conséquent, pas les concepts, ni les mots, ni les pensées, ni les sensations, ni les perceptions. Même sous forme d'images ou de métaphores. Ce n'en seront jamais que de pâles reflets.

Autrement dit, en trois phrases, de Ce qui Est :

- Rien ne peut en être dit ;
- « Personne » n'y a accès ;
- Seuls ses effets sont manifestes.

Quels sont ces effets ? Impossible de les nommer tous. On peut toutefois les résumer en trois mots :

L'Évidence apparaît.

L'Évidence du Oui, inconditionnel, total, définitif.

L'Évidence de la Connaissance.

Pas intellectuelle, ni de ce qui arrivera.

Il est SU, à chaque instant, que rien de ce qui se produira n'ébranlera le Oui, n'affectera Ce qui Est, ni l'Amour qui règne dans le Cœur et que Nous Sommes en Réalité.

Il est aussi SU, à chaque instant, que ce qui « doit » être fait se fait, spontanément, sans aucune tension. Simplement parce qu'il est dans la nature de la Vie de s'épancher naturellement et harmonieusement.

Une tranquillité sans pareille.

Une absence de contraction.

Pas de doute, pas de question, pas de discussion avec la Vie à propos de ce qu'Elle exprime.

Mais il y a plus encore.

Le temps et l'espace apparaissent. Ils sont eux aussi illusoires. Comme la monde du rêve. Tout s'efface au réveil.

Qu'est-ce à dire ?

Tout arrive au même instant. Hors temps. Hors espace.

Autrement dit : rien ne s'est jamais produit. Que peut-il Réellement se passer si le temps et l'espace, par conséquent l'univers entier sont illusoires ?

Percevez-vous l'inanité de nos prises de tête ? « Vanité des vanités, tout est vanité » dit l'*Ecclésiaste*.

Et en sourire, voire même en jubiler intérieurement.

Quelle farce ! Quelle espièglerie !

Mais n'accusons pas Dieu !

Nous sommes Cela ET nous nous manifestons en tant que cela.

Le jeu est autant dans la nature de Cela que dans celle d'un enfant. L'expression, la manifestation de tout ce qui apparaît – ce ne sont que des apparitions – sont dans la nature de Cela. Impossible d'y échapper.

Par contre, quel cadeau que de le percevoir !

Lorsque c'est perçu, le rire nous prend. Le cœur plein, la joie, la vie… sont là.

Comment ne pas sourire ? Comment ne pas rire ? Comment ne pas aimer ? Comment ne pas embrasser tout ce qui apparaît ?

Le lâcher. Car il n'y a rien là. Et rester avec Ce qui Est, en tant que Ce qui Est.

Silence ET existence.

L'indicible

Comment dire l'indicible ?

Impossible de taire plus longtemps. Et impossible de mettre en mots.

Tout mot est de trop, et « tombe à côté », comme toute pensée, toute perception, toute sensation, toute émotion.

Alors que faire, sinon sourire ? Sinon essayer encore et encore tout en sachant que l'on échouera toujours ?

La Vérité ne peut pas ne pas s'exprimer au plus près de ce qui est exprimable, alors même qu'il est SU qu'elle ne peut être formulée correctement. Elle est insaisissable, de manière définitive. Toujours la même et cependant s'exprimant toujours différemment.

Elle se révèle, est révélée, non par des mots, mais en Soi. Elle Est Cela qui seul Est « en amont au-delà » de tout mot.

Vous regardez un film. Au sortir de la salle de cinéma, les acteurs ne sortent pas avec vous !

Vous rêvez. Au réveil, le tigre de votre rêve n'apparaît pas dans votre chambre à coucher !

Dans les deux cas, l'histoire est totalement irréelle, abuse nos sens et nous fait vivre des simulacres. Les émotions que nous avons ressenties étaient sans substratum *réel*. De même les pensées, les sensations et les perceptions.

Ce ne sont que des « expériences », sans *réel* substrat, sans *réelle* cause. Seul le fait de les croire « vraies » leur confère une apparente réalité.

Une région du cerveau est stimulée électriquement et crée, de toutes pièces, des images non neutres, des sensations, des émotions, etc.

Alors répétons-le, tout ce qui est dit ici est chimère, bien évidemment.

Des doigts pointant vers Ce qui Est ? Même pas ! C'est encore trop.

Car cela sous-entend qu'il y a *réellement* des doigts, des sujets qui perçoivent, et des objets perceptibles…

En Vérité, nous pouvons affirmer : « Il n'*est* rien, là ». Seulement des apparences, des apparitions.

Et pourtant, nous ne pouvons absolument pas nier l'existence du sol sous nos pieds ou le goût de la tarte aux pommes…

Paradoxe.

Comment faire sentir le parfum de ce qui réveille la jubilation ? Une jubilation qui nous « ravit » de deux façons : elle nous retire de « moi » et nous propulse en « Je », Cela ; elle révèle ce ravissement que nous sommes en Réalité.

Cela seul Est. Cela est « en amont au-delà » de tout ce qui peut être perçu, « Avant tout 'avant' ». Cela ne peut être traduit, montré ou quoi que ce soit d'autre puisque Cela est « en amont au-delà » de tout le perçu, donc du monde phénoménal. Et bien entendu, cet « avant tout 'avant' » ne peut être localisé, ce sont seulement des mots tentant de pointer vers l'inexprimable.

Par conséquent, Cela ne peut être expérimenté. Or, tout ce que nous percevons, ressentons, nommons, pensons… est expérimenté !

Tout ce qui montre, exprime, traduit… fait partie du monde existentiel. Comment pourrait-il exprimer ce au sein de quoi il apparaît, ce qui lui confère existence ?

Comment la sculpture pourrait-elle décrire le sculpteur ? Tout ce qu'elle en dirait, si toutefois elle était douée de parole, serait forcément incomplet. La créature ne peut que refléter, imparfaitement, le créateur. Une approximation forcément erronée, par essence.

Autrement dit, dès que l'on en parle, on est toujours « à côté ».

La cible ne sera jamais atteinte.

De plus, Cela est hors temps, hors espace. Les concepts de temps et d'espace apparaissent en Cela. Cela contient tout, absolument tout. Y compris l'espace et le temps. Et donc tous les univers et tout ce qui s'y produit.

Nous, en tant qu'êtres humains sommes des « apparitions » au sein de Cela, à partir de Cela. Apparitions, à plus d'un titre : nous apparaissons en Cela, et nous ne sommes qu'une apparence apparaissant à nos sens qui ne sont eux-mêmes que des apparitions. Monde des apparences. Images projetées sur l'écran de la conscience et prises pour réelles.

Alors, déposer le monde des apparences, laisser de côté tout le perçu.

Que reste-t-il ?

Rien.

Pas d'organe de perception, et même personne pour percevoir.

Mais même le mot « rien » est de trop. En amont de « rien » et du mot pour le dire, en amont de « personne » et du mot pour le désigner, que reste-t-il ?

...

Ce ne peut être perçu, et pourtant... Ce rien Est, et il est CONNU. Aperception pure.

Cela est forcément « antérieur à » ou « en amont de » tout mot, toute pensée, tout concept, toute perception...

Même « en amont » est de trop, car cela sous-entend un aval. Il n'y en a pas.

Au-delà ? Mais il n'y a pas d'en-deçà.

Ni d'ici, ni d'ailleurs, ni d'éternel présent.

Cela Est, avant tout concept, avant tout mot, avant « avant ». Alors toute tentative de le mettre en mots est toujours de trop et ne peut que trahir Cela.

Même le mot « Cela » est de trop.

Outre que ce vocable est une « expression » de Cela, l'une de Ses « manifestations », il ne nous vient pas à l'idée de nous répéter : « Je suis un être humain ». De même, Cela ne Se désigne pas. Il n'a d'ailleurs pas les mots pour le faire.

ET cependant, si ces mots font résonner quelque chose en nous, c'est bien qu'ils pointent vers une Réalité qui nous est connue, et même familière, même si elle nous demeure parfaitement inaccessible...

Cela est CONNU, intimement, indubitablement. ET Cela ne peut être « saisi ».

*

* *

Nous avons essayé avec « Trop ».

Essayons avec « trop tard ».

Dès qu'il est cru en une existence, que ce soit à celle du « moi » ou même à celle du monde, c'est trop tard.

Ce qui Est s'est déjà manifesté en tant que « je », « moi », « monde ». Et « je » est toujours pris au piège de l'existence, des apparences, des expériences.

Cela est « avant » tout ce que vous pouvez imaginer, percevoir, sentir...

Avant que n'apparaisse tout ce qui peut être perçu, senti ou pensé.

Projetez-vous autant que faire se peut en ce lieu qui n'en est pas un.

Aucun mot, aucune expérience, aucune pensée, ne peuvent le traduire.

Car dès que quoi que ce soit apparaît, il ne peut apparaître qu'au sein de Cela, en tant que manifestation de Cela, à partir de Lui-même ET ne peut que Le représenter, mais jamais L'Être : une œuvre d'art ne peut pas s'emparer de l'artiste ni le devenir.

Autrement dit, toute pensée, parole ou action pour exprimer Cela arrive toujours trop tard : nous n'avons plus à faire avec Ce qui Est, mais avec Ses expressions, Ses créations spontanées, Son œuvre.

Il s'agit toujours d'un après-coup. « L'instant » hors temps est déjà « représenté » au sein de l'illusion appelée espace-temps.

Impossibilité totale à exprimer Ce qui Est. Impossibilité VUE. Vu aussi qu'il est toujours trop tard et que tout mot est toujours « trompeur », « à côté »...

Mais qui VOIT ? Pas la créature...

Cependant la tendance à exprimer cet intraduisible, la certitude de ne pouvoir y arriver, la vision du rêve cosmique, la jubilation dès que l'on se situe à la frange de toute perception... Tout cela est bien présent et traduit la Présence, Ce qui précède toute apparition.

Simultanéité de Ce qui Est – non manifesté – et de Ce qui Est – en tant que manifestation.

La Vérité – Ce qui Est – ne peut être saisie, attrapée. Elle ne peut être enfermée par des mots, des idées, des concepts, des sensations, ni quoi que ce soit d'autre. Elle est Liberté.

Ce qui peut être saisi peut être lâché. Apparaître et disparaître.

Ce qui Est ne peut ni être saisi, ni être lâché, ni apparaître, ni disparaître.

*

* *

Ainsi, quels que soient nos efforts, nous demeurons dans l'incapacité complète d'exprimer Ce qui Est : Son Nom ne sera jamais prononcé ; le Mystère restera à jamais entier.

Alors simplement, restez là, avec l'élan d'exprimer Cela, le souffle arrêté, en cet instant précis qui précède toute formulation. Être saisi par ce Vide, cet Étonnement, cette Plénitude…

Seul le Silence exprime ce qui ne peut être dit.
Pas le silence.
Le Silence.
Celui qui précède tout, même le silence.
Et ce Silence est Cela.

Pour celui qui voit, le monde existentiel apparaît pour ce qu'il est, une immense plaisanterie dont il est impossible de ne pas être amoureux.

En rire franchement ou en être simplement amusé ; jubiler le cœur pétillant de cette délicieuse malice, du bon tour joué par Cela – sans aucune intention – à Cela, que « Je Suis ».

C'est nous-mêmes, en tant que Vie, en tant que Cela, qui nous proposons ce qui arrive. Nous Sommes Cela, Vie, Amour Joie, Jubilation.

Alors, se retrouver radieux et ravi, amusé et amoureux face à cette Intelligence, non raisonnée et jamais prise en défaut.

Silence

Là où tout commence, là où tout finit.
Silence.
Quoi dire ?

Rien ne peut exprimer ce qui ne peut l'être.
Seul le Silence.

Joie douce, Paix profonde, Tranquillité absolue, Amour sans limite…
Trop tard, trop.

Toujours trop tard… Et toujours trop tôt.
Toujours trop… Et jamais assez.

Qui s'en soucie ?
Rien ni personne là où aucune pensée n'est jamais apparue, là où aucun mot n'a jamais été prononcé.
Dérision du mot « Là ». « Là » qui n'est pas un lieu. « Là » où jamais rien n'est arrivé. ET qui n'est pas rien.
Ni Tout, ni Cela, ni Rien, ni Un, ni quoi qui ne puisse être prononcé.

Toujours trop. Jamais assez.
Toujours trop tard. Toujours trop tôt.

Pour en savoir plus

Vous trouverez de nombreuses informations, des liens vers différents sites, une liste non exhaustive « d'enseignants », des enregistrements de certains d'entre eux, etc. sur :

www.leveil.org

Si vous désirez rencontrer Gérard ou simplement avoir plus de renseignements à son sujet, vous pouvez consulter :

www.regarder-ce-qui-est.org

À propos des éditions Accarias-L'Originel

Si vous voulez prendre connaissance de notre catalogue général,
vous pouvez soit le consulter sur Internet :
www.originel-accarias.com
soit nous écrire à
Éditions L'Originel – Accarias
5 passage de la Folie-Régnault
75011 PARIS

Cet ouvrage a été imprimé
en août 2014 par

CPI
FIRMIN-DIDOT

27650 Mesnil-sur-l'Estrée
N° d'impression : 123736

Imprimé en France